Gabriele Haug-Schnabel / Barbara Schmid-Steinbrunner

Suchtprävention im Kindergarten

Inhalt

Vorwort   7

1   Kann der Kindergarten suchtpräventive Arbeit
     leisten?   10
1.1 Sucht kommt von suchen, aber nicht das Richtige finden . .   15
1.2 Ich mag etwas sehr. Ist das schon Sucht?   22
1.3 Sicher gebunden, um unabhängig werden zu können   25
1.4 Echt stark ist, wer weiß, dass Schwächen, Krisen und
     Konflikte zum Leben dazugehören   29
1.5 Ich mag mich: das Bewusstsein haben, kompetent
     handeln zu können   32

2   Ich-Stärke gewinnen, um sich selbst immer wieder
     zu finden   35
2.1 Beziehungen aufbauen   38
2.1.1 Gruppenmitglied werden, Individuum bleiben   39
2.1.2 Jeder webt mit am sozialen Netz   49
2.2 Hilfe gegen Sprachlosigkeit und Funkstille   62
2.2.1 Immer im Kontakt bleiben   63
2.2.2 Signale senden und verstehen lernen   70

3   Echte Angebote   78
3.1 Seinen Körper erfahren, um sich mit ihm anzufreunden . .   81
3.1.1 Das gefällt mir an mir   81
3.1.2 Bewegung – wozu brauche ich sie?   91
3.2 Biete mir wenig, aber Gutes   97
3.2.1 Meine Schätze sind versteckt, hilf mir, sie zu suchen   98

3.2.2 Mal gar kein „Zeug", nur meine Ideen 102

3.3 Ich will raus 111

3.3.1 Natur aus erster oder aus zweiter Hand erleben 112

3.3.2 Sehnsucht nach eigenen Abenteuern 119

4   Spielen, der präventive Erfahrungsvorrat 123

4.1 Wird hier nur gespielt oder auch gelernt? 125

4.1.1 Sich frei spielen 125

4.1.2 Das Spiel-Lern-Programm wird vorgestellt 134

4.2 Spielbegeisterung und Fantasie sind Schutzfaktoren 143

4.2.1 Wie stört man Fantasie und Spiellust am wenigsten? 143

4.2.2 Fantasie erlaubt Spielen im So-tun-als-ob-Raum 149

4.3 Man kann auch schlechte Erfahrungen machen 155

4.3.1 Achtung: Heimliche Lehrmeister sind am Werk 156

4.3.2 Niemand will ein Kind abhängig machen, aber 157

4.4 Zwei Welten: Erwachsenenvorstellung versus Kind-
vorstellung 165

4.4.1 Die Eigenständigkeit des Kindes unterstützen 166

4.4.2 Spielräume schaffen – so viel Freiheit wie möglich
gewähren 171

Gabriele Haug-Schnabel /
Barbara Schmid-Steinbrunner

Suchtprävention
im Kindergarten

So helfen Sie Kindern stark zu werden

Herder Freiburg · Basel · Wien

Gedruckt auf umweltfreundlichem,
chlorfrei gebleichtem Papier

1. Auflage

Umschlaggestaltung: Joseph Pölzelbauer, Freiburg
Umschlagfoto und Textfotos: Hartmut W. Schmidt, Freiburg

Alle Rechte vorbehalten – Printed in Germany
© Verlag Herder Freiburg im Breisgau 2000
Satz: Barbara Herrmann, Freiburg
Druck und Bindung: Freiburger Graphische Betriebe 2000
ISBN 3 - 451 - 27294 - 6

Vorwort

Suchtprävention im Kindergarten – Was bedeutet das eigentlich? Einfach neu denken lernen, ist unsere Meinung!

Suchtprävention im Kindergarten – kommt da eine neue Aufgabe auf die Erzieherinnen zu? Einerseits ja, denn sicher haben wenige ihre Arbeit mit den Kindern bislang unter dem Gesichtspunkt der Suchtverhütung gesehen. Andererseits aber auch nein, denn Suchtprävention bedeutet keinesfalls die Konfrontation mit etwas völlig Neuem, noch nie Dagewesenem. Jetzt arbeitet schon suchtpräventiv, wer sich Gedanken über das kindliche Wohlergehen macht, wer die körperlichen Bedürfnisse der kleinen Wesen kindgemäß befriedigen hilft und wer das Begehren der Kinderseelen nach Kontakt, Zuwendung und Verständnis erkennt und auf dieses existenzielle Verlangen abgestimmt antwortet.

Diese Ansätze möchten wir verstärken, Sie motivieren, sie in Ihre tägliche Arbeit zu integrieren und Sie anregen, Kinder und ihre Aktivitäten neu zu sehen, auch auf versteckte Signale zu hören, Ihre Arbeit also neu zu überdenken.

So wenig Sexualerziehung Kampf gegen Pornografie bedeutet, so wenig Verkehrserziehung mit dem Aufspüren von Verkehrsrowdys zu tun hat, so wenig ist Suchtprävention mit Drogenbekämpfung gleichzusetzen. Bei ihr geht es im Wesentlichen nicht um Aufklärung, schon gar nicht um Abschreckung oder Strafe.

Suchtprävention startet viel früher und ist – wie wir heute schon wissen – bedeutend wirksamer. Sie setzt auf die Förderung von Schutzfaktoren und auf die Entfaltung von Widerstandskräften. Sie baut auf die selbstbildnerischen und selbstregulatorischen Fähigkeiten des Kindes und schafft die hierfür nötigen Voraussetzungen. Sie stellt jedem Kind seinen individuellen Erfahrungsschatz bereit, indem sie kindliche Neugierde, Erfahrungsdrang und Leistungslust zulässt und zu deren Gedeihen kindgemäße Angebote „zufüttert". Dann kann ein junger Mensch in unterschiedlichen Situationen richtig und zur eigenen Zufriedenheit auf vielfältige Anforderungen reagieren und muss keine Angst vor sozialer Kontrolle haben. Eine gelungene Suchtprävention stellt dem Kind Können und Wissen zur Verfügung, damit es sich kompetent und stark fühlen kann, und, wenn es darauf ankommt, in der Lage ist zu handeln oder sich auch aus guten Gründen auch einmal nicht zum Handeln gedrängt fühlen muss. Sie macht entscheidungsfrei, eben nicht abhängig.

Aber kümmert man sich nicht bei Fragen der Suchtgefährdung um Probleme, die erst Jugendliche oder Erwachsene betreffen? Wir meinen nein, denn die Suchtpräventionsforschung hat gezeigt, dass die Wege in Richtung Suchtverhalten schon lange gespurt worden sind, bevor beispielsweise mit 10 oder 11 Jahren Alkohol zum Problem werden kann oder sich das „Einstiegsalter" für Rauchen, aktuell zwischen 12 und 14 Jahren liegend, bemerkbar macht.

In der frühen Kindheit, in der ein Kind so prägbar und beeinflussbar wie später nie mehr ist, entscheidet sich bereits, wie ein Kind sich erlebt, wenn es mit den folgenden Fragen konfrontiert ist: Kann ich auf meine Umgebung Einfluss nehmen oder bin ich ohnmächtig und hilflos, habe ich selbst Ideen, Fantasie und Lösungswege parat oder muss ich immer wieder erleben, dass meine Probleme, wenn überhaupt, nur von anderen gelöst werden? Wissen immer nur die anderen, was gut und richtig für mich ist, oder weiß ich selbst, wie ich mich fühle und was ich jetzt brauche oder mit Sicherheit nicht will? Dies zeigt riesengroße Unterschiede in der Eigenwahrnehmung mit ebenso gewaltigen Auswirkungen auf das Verhalten.

Es geht darum, ein Kind sicher und dadurch stark zu machen, ihm Fertigkeiten zu vermitteln und seine Fähigkeiten vor Augen zu führen, es in die Lage zu versetzen, seine Besonderheit zu akzeptieren und so einbringen zu können, dass sie sozialen Gewinn bringt, und es geht darum, ihm zu helfen, seinen Weg zu finden. Bei diesem Förderprogramm möchten wir Sie unterstützen.

Vielen konstruktiven Gedanken innerhalb der Forschungsgruppe Verhaltensbiologie des Menschen (FVM, Kandern) und den anregenden Gesprächen mit Mitarbeiterinnen der Informationsstelle für Suchtprävention der Stadt Wien (isp) und der Suchtprävention Salzburg „akzente salzburg" ist es zu verdanken, dass wir uns diesem lohnenden Thema mit Begeisterung, Ausdauer und genussvoller Anstrengung zugewandt haben.

Gabriele Haug-Schnabel
Barbara Schmid-Steinbrunner

PS. Die beiden folgenden Symbole sollen Ihnen die Arbeit erleichtern:

 bedeutet: „Das sind wichtige Informationen – spannend auch für Elterngespräche."

 bedeutet: „Achtung! Hier geht es um Beobachten und Umdenken."

1 Kann der Kindergarten sucht-präventive Arbeit leisten?

„Suchtprävention im Kindergarten" – ein Thema, das einer Erklärung bedarf, um verstanden zu werden. Sonst stößt man auf ungläubige Gesichter: Habe ich mich etwa verhört? Oder auf Unverständnis: Warum denn ein Problem thematisieren, lange bevor sich sein potenzielles Risiko auch nur in weiter Ferne andeutet? Das Thema Sucht betrifft uns jetzt doch noch nicht.

Aber es ist kein Missverständnis, es geht tatsächlich um Schutz vor Sucht, um den Schutz vor einer Situation, in der es zunehmend und zum Schluss ausschließlich um Verhaltensmuster geht, die die Abhängigkeit stützen, und in der die Möglichkeiten, auf anderen Wegen zu Belohnung und Wohlbefinden zu gelangen, immer mehr eingeschränkt werden. Bis sie schließlich gar nicht mehr vorhanden sind.

Suchtprävention ist auch und gerade ein Thema für die ersten Lebensjahre, da in dieser Zeit psychische und physische Abwehrkräfte gestärkt werden können, die Suchtgefahren vermindern und eine Resistenz gegen Süchte bewirken können. „Man kann heute mit Sicherheit sagen, dass seelisch ausgeglichene und selbstbewusste Kinder mit einem stabilen und belastbaren Ich bessere Chancen haben, später nicht süchtig zu werden." (Vorsorge-Initiative, S. 7)

Natürlich trinkt kein Kind im Kindergarten Alkohol oder raucht Haschisch und auch mit Medikamentenmissbrauch wird erst in ganz geringen Maße gerechnet werden müssen.

Doch ist dies kein Beweis dafür, dass frühe Suchtprävention nicht angebracht ist. Wird nicht schon jetzt bewusst gegengesteuert, kann in diesem Alter der Grundstock für ein problematisches Essverhalten und ein gestörtes Körperbewusstsein gelegt, können erste Abhängigkeiten erlernt und das Ausweichen auf Ersatz bei fehlender echter Bedürfnisbefriedigung eingeübt werden. Ein reduziertes Wohlbefinden, ein an Hilfskonstruktionen und Behelf gewöhntes Leben beginnt.

Genau in diesem Alter beginnt aber auch – und gerade hier setzt die frühe Suchtprävention erfolgreich und effizient an – die Erfahrung vielfältiger Schutz- und Stärkefaktoren gegen Suchtverhalten:

- Das Kind fühlt sich geliebt, akzeptiert, angenommen und in seinen Bedürfnissen ernst genommen.
- Es erlebt sich agierend, selbstwirksam, einflussnehmend, eben nicht ohnmächtig, sondern eigeninitiativ, begreifend und reagierend.
- Es erfährt sich als kompetent in vielerlei Hinsicht, fähig zu kommunizieren und von sich aus zu handeln.

Sie als Erzieherin werden beim Lesen des Buches immer wieder feststellen, dass Sie, wenn Sie diese Schutz- und Stärkefaktoren gegen Abhängigkeiten beachten, wahrscheinlich bereits jetzt jeden Tag im Kindergarten suchtpräventiv arbeiten, ohne dass Sie Ihrer Tätigkeit bisher das Prädikat „Suchtprophylaxe" gegeben hätten. Bei „Suchtprävention im Kindergarten" geht es nicht um ein neues pädagogisches High-Light, weil ein bisschen Abwechslung und Erneuerung nie schaden, sondern es geht darum, dass eine auf die emotionalen, geistigen, sozialen und motorischen Bedürfnisse der Kinder eingehende Arbeit die gesunde kindliche Entwicklung fördern und Widerstandskräfte gegen Abhängigkeiten und Suchtverhalten aktivieren können.

Aber warum sollte Suchtprävention bereits im Kindergarten stattfinden? Auf diese Frage gibt es mehrere überzeugende, durch Forschungsergebnisse belegte Antworten.

Der Zeitpunkt ist optimal, denn ins Kindergartenalter fallen die durch Erfahrungen und Einflussnahmen prägbarsten Jahre der kindlichen Entwicklung. Hier entstehen und stabilisieren sich die ersten Gewohnheiten, von denen man sich, je älter man wird, immer weniger trennen kann. Jetzt lernt man Situationen zu bewältigen, Probleme anzugehen, oder man lernt es eben nicht.

Gut untersucht sind diese Zusammenhänge z. B. für das Ernährungsverhalten und für einen weiteren Bereich, nämlich das Freizeitverhalten, womit der selbst gewählte Umgang mit freier Zeit, ohne Aktivitätsvorgaben oder Tätigkeitsangebote gemeint ist. Welche Bedeutung das Essen in unserem Leben einmal spielen wird, wird tatsächlich in diesen Jahren angelegt. Das haben Sie schon oft beobachtet, wenn Sie die Kinder beim Essen verglichen haben. Lernen wir eine Mahlzeit als notgedrungen regelmäßig ablaufende Maßnahme zur Kalorienzufuhr oder als ersten Kriegsschauplatz zwischen Eltern- und Kindervorstellungen oder aber als angenehme soziale Aktivität kennen, bei der die Nahrungsaufnahme nur ein Aspekt des Geschehens sein kann, das gleichzeitig mehrere Bedürfnisse sättigt? Ein himmelweiter

Unterschied, der durch bewusst angenehm gestaltete, gemeinsame Mahlzeiten im Kindergarten in Richtung erwünschtes Verhalten verschoben werden kann. Stopft man dauernd etwas in sich hinein, ohne sich zu fragen, ob man eigentlich schon wieder Hunger hat, weil dieser Genuss am leichtesten verfügbar ist, während Gesprächspartner, Mitlacher oder Mitspieler oder gar eigene neue Spielideen, nach denen es einem eigentlich viel mehr gelüsten würde, viel schwerer zu bekommen sind?

Wie man in seinem späteren Leben mit seiner freien Zeit umgehen wird, entscheidet sich in weiten Teilen bereits zwischen 3 und 6 Jahren. Denn es ist eine stabile Erfahrung, immer auf Anregung von außen zu warten, sich unterhaltungsmäßig berieseln zu lassen, die gar nicht so leicht wieder in Eigenaktivität und selbständige Lustsuche umzuwandeln ist. Die Weite, aber leider auch die Beschränktheit eigener Kreativität und deren Umsetzbarkeit in Aktivität, geistige wie fein- oder grobmotorische, erfährt man in diesen Jahren. Mediziner gehen so weit, dass sie wagen, anhand der kindlichen Bewegungsfreude und seinen motorischen Ausdrucksmöglichkeiten Prognosen bezüglich späterer Mobilität, Körpererfahrung und Gesundheitsverhalten abzugeben.

Wussten Sie, dass Erzieherinnen für die von ihnen betreuten Kinder sehr häufig nach deren engen Familienmitgliedern die wichtigsten Bezugspersonen sind? Weit wichtiger als z. B. die Grundschullehrerin, die natürlich auch noch geliebt und verehrt werden kann, aber eben nicht mehr die so zentrale Stelle einer Bezugsperson, eines Bindungspartners einnimmt, da das Kind inzwischen älter und unabhängiger geworden ist. Ein kleines Beispiel verdeutlicht den Unterschied: trotz einer Lehrerin oder eines Lehrers, mit dem ein Kind nicht besonders „gut kann", kann es gerne zur Schule gehen und sich dort auch zwischen all den Kindern wohl fühlen. Hat es jedoch mit seiner Erzieherin Schwierigkeiten, sprechen beide nicht dieselbe Gefühlssprache und können nicht aufeinander zugehen, ist der Kindergartenerfolg in Frage gestellt. Wahrscheinlich weil das Basisvertrauen fehlt, das aber nötig wäre, um mit den anderen Kindern richtig in Kontakt zu kommen und sich ohne Mama auf das soziale Geschehen einlassen zu können.

Im Kindergarten ist ein Kind noch ansprechbarer und berührbarer, im wörtlichen wie im übertragenen Sinn gemeint. Es ist für viele Themen aufgeschlossen und lässt alles an sich herankommen, eine Situation, die natürlich auch pädagogischen Schutz nötig macht. Jeder Vorwurf, jede Kritik, jedes

Hänseln und jede Abwertung treffen das Kind noch völlig; es verfügt noch über keine „Rüstung", an der irgendetwas abprallen könnte. Denn es will dazugehören, alles richtig machen und vor allem natürlich möglichst schnell nicht mehr zu den Kleinsten gehören. Es erwartet behutsame Realität und bewältigbare Anforderungen von seinen Bezugspersonen. Dieses Recht hat es auch. Denn im Kindergarten starten die ersten regelmäßigen Kontakterfahrungen mit zunächst noch nicht vertrauten Personen. Das Kind erlebt hier „Gruppe" und sich mittendrin oder außen vor. All diese Einzelsituationen mit unterschiedlichen Ausgängen sind Mosaiksteinchen seines Kontakterlebens; alles Modelle für später, wenn von ihm erwartet wird, gekonnt mit Kontaktinitiativen und Kontaktabwehr umzugehen. Es ist bekannt, dass Suchtprobleme bevorzugt in Isolation entstehen, wenn Gespräche mit anderen immer schwieriger und Unselbständigkeit und Abhängigkeit immer größer werden.

Uns ist es noch wichtig, darauf hinzuweisen, dass manche Kinder im Kindergarten zum ersten Mal „von außen" beobachtet werden, ihr Verhalten wahrgenommen, ihre Besonderheiten erkannt werden. All dies geschieht vor dem Hintergrund, bereits viele Gleichaltrige in entsprechenden Situationen erlebt zu haben. Ein geschulter, aber eben ein unbefangener, weil ein nicht-verwandter Blick kann vieles sehen, was im engen Familientreiben untergegangen und niemandem aufgefallen ist. Doch ist dieser Blickwinkel wichtig, da nur er es ermöglicht, einen eventuell eingeschränkten Erfahrungsbereich aufzubrechen und dem Kind neue und effektivere Räume zum Handeln und Kommunizieren zu eröffnen.

Zum Weiterlesen:

Pflüger, B. (Hrsg.) (1994): Ganzheitlich orientierte Suchtprophylaxe als Hilfe zur Persönlichkeitsentfaltung. Sozia-Verlag, Freiburg.

Vorsorge-Initiative (Hrsg.)(1994): Was tun gegen Sucht? Vorschläge für Eltern und Erzieher. Frankfurt.

1.1 Sucht kommt von suchen, aber nicht das Richtige finden

Süchtig wird ein Mensch nach einem Stoff oder einem Verhalten, mit dem er die Erfahrung gemacht hat, dass es ihm mit dessen Hilfe gelungen ist, seine Gefühle des Unglücklichseins, der qualvollen Leere, seine Angst, Unruhe oder Schmerzen verschwinden zu lassen oder wenigstens erträglicher zu machen. Eine Suchtkarriere hat nichts Passives, Zufälliges oder Schicksalhaftes, noch nicht einmal am Anfang. Bei der Rekonstruktion der Abwärtsspirale findet sich zu Beginn des Prozesses immer der aktive Versuch, auf irgendeine Weise die überhand nehmenden Belastungen zu kompensieren und in einen Zustand zu kommen, in dem sie als bewältigt erlebt werden können.

Die aktive, motivierte Rolle des Betroffenen als Gestalter dieser Entwicklung, die anfängliche Belohnung auf sein Verhalten, der subjektive Nutzen, kurz gesagt, die dadurch automatisch eintretende Funktion des Risiko- und Suchtverhaltens, werden erst seit wenigen Jahren erkannt. Die treibende Kraft ist der Wunsch nach Befriedigung bislang ungestillter Bedürfnisse. Das objektiv die Gesundheit gefährdende Verhalten bringt aus der subjektiven Sicht des Konsumierenden zuerst einmal „Gutes", „Lohnendes" mit sich. Es geht z. B. um die „hilfreiche" Funktion des Alkohols, darum, durch ihn das Gefühl zu haben, mit Belastungssituationen umgehen zu können, oder gar Situationen auch einmal ohne Belastung durchleben zu können. Die Wirkung von Alkohol vermittelt Jugendlichen den Eindruck, sich dank seiner Hilfe endlich einmal im richtigen Moment erfolgreich darstellen zu können, bislang gescheute Kontaktaufnahmen erleichtert zu bekommen oder die als erbärmlich empfundene Hilflosigkeit kompensieren zu können, also in für Jugendliche typischen Problemsituationen alles im Griff zu haben.

Doch der Weg über einen kurzfristigen „Scheinfrieden" führt in die Selbstzerstörung. Und dieser Weg wird beschritten, obgleich seine verheerenden Folgen durch überall zu erfahrende Sachinformationen bekannt sind – und das trotz aller abschreckenden Aufklärungsversuche.

Die Vorstellung, riskantes Verhalten habe seine Ursache in Unwissenheit, also in fehlender Sachinformation bezüglich der gesundheitlichen Folgen, und Abschreckung sei somit ein geeignetes Mittel, um eine Verhaltensänderung zu erreichen, hat sich als eindeutig falsch erwiesen. In Informations- und Abschreckungskampagnen findet keine Identifizierung mit den gezeigten Opfern statt, zu weit entfernt vom eigenen momentanen Leben sind die Bilder. Informationen über Drogen, ihre Wirkung und Schädigung sind als Wissenshintergrund wichtig, doch wirken sie nicht per se bereits als Suchtprävention. Das Gegenteil scheint einzutreten: gerade Jugendliche werden neugierig auf die explosive Mischung aus Risiko und Illegalität und zu einer die Erwachsenen, gerade die Eltern, provozierenden Kontaktaufnahme verleitet.

Um Suchtkranken helfen zu können und vor allem, um präventiv erfolgreich zu sein, ist ein völliges Umdenken bei den bisherigen Prophylaxeansätzen nötig.

Vor dem neuen gedanklichen Hintergrund, dass jedes Suchtverhalten eine Funktion erfüllt, ist es gar nicht mehr so verwunderlich, dass es geschlechtsspezifische Formen von Suchtentwicklung gibt, da bei Frau und Mann die Süchte unterschiedliche Funktionen erfüllen müssen. Für jeden Menschen, egal ob weiblich oder männlich, sind die Befriedigung existenzieller Bedürfnisse, die Erfahrung eigener Kompetenz und ein ausreichendes Maß an bestätigenden Annahmeerlebnissen existenziell für einen geschützten Entwicklungsverlauf. Wo Bedürfnisse unbefriedigt bleiben und eigene Inkompetenzerfahrungen vorherrschen, da sind Verlockungen, die dies – wenn auch nur kurzfristig – auszugleichen versprechen, für Jungen wie Mädchen ausgesprochen attraktiv.

Die Einstiegsmotivation ins Suchtverhalten ist bei beiden Geschlechtern durchaus vergleichbar. Doch zeigen sie deutlich unterschiedlich pointierte Akzente bei der Wahl des Problemverhaltens. Sie erleben geschlechtsgebunden verschiedene Defizite und verfügen auf Grund ihres jungen- oder mädchentypischen Sozialisationsverlaufs über völlig unterschiedliche Ressourcen und Strategien zur Bewältigung dieser Belastungen.

Weibliche Bewältigungsstrategien von Konflikten äußern sich in besonderem Maße in einer Manipulation des Körpers. Nahrungsverweigerung, Fress-Sucht oder Medikamentenmissbrauch, um sich besser zu fühlen, sind damit gemeint. Erklärt werden diese typisch weiblichen Konsum- und Missbrauchsformen mit der weiblichen Geschlechtsrolle und dem dazugehörigen Verhalten, leise zu agieren, ja nicht auffallen zu wollen bzw. zu dürfen, nicht aggressiv zu sein. Deshalb muss die Suchtprävention bei Mädchen am zu schwach entwickelten Selbstbewusstsein, vor allem am mangelnden Körpergefühl ansetzen. Sie muss dagegen ansteuern, dass Frauen in Entscheidungsprozessen immer passiv reagieren ("Ist mir egal, alles gleich recht, entscheid' du") oder regelmäßig einer Konfrontation auszuweichen versuchen ("Also gut, damit es Ruhe gibt, von mir aus"), nachdem diese Konfliktlösungsstrategien als typisch weiblich erkannt worden sind.

Achten Sie beispielsweise einmal darauf, ob Sie nicht auch dazu neigen, Mädchen in Konfliktsituationen eher dazu anzuregen, doch wieder friedlich zu sein oder nachzugeben, als Sie dies bei Jungen in Ihrer Gruppe tun.

Männliche Bewältigungsstrategien von Konflikten äußern sich bevorzugt in exzessivem Alkohol-, Nikotin- und Drogenkonsum sowie in körperlichen Grenzerfahrungen. Der Suchtmittelkonsum und -missbrauch steht in seiner nach außen zielenden aggressiven Form in ursächlichem Zusammenhang mit der Männerrolle, mit Spannungen und Widersprüchen im Identitätsanspruch. Männliche Defizite, die durch Suchtmittelmissbrauch bewältigt werden sollen, liegen im Bereich emotionaler Botschaften, bei denen ihnen das Empfangen und das Senden schwerfällt, da der Umgang mit Emotionen noch immer nicht zum Selbstverständnis des Mannes gehört. Diese Ergebnisse signalisieren bereits die jungenspezifischen Ansatzpunkte präventiver Arbeit: Stärkung sozialer und emotionaler Kompetenz sowie der Fähigkeit, Gefühle wahrzunehmen und auszudrücken, sich in Erwartungen des sozialen Gegenübers einzufühlen und auf diese eingehen zu können.

Versuchen Sie doch auch die Jungen in der Kindergartengruppe mehr dazu zu ermuntern, über ihre Empfindungen zu sprechen. Helfen Sie ihnen dabei, indem Sie beispielsweise die von Ihnen bei einem Streit wahrgenommenen Gefühle artikulieren und so zur Diskussion stellen: „Mensch, Johannes, du bist ja sehr wütend, weil Michael dich nicht mitspielen lässt, wie deine Augen funkeln und deine Fäuste geballt sind!" Jetzt kann Johannes sich äußern: „Ja, immer will der Michael alles bestimmen, nie findet er eine Idee von mir gut und dann schickt er mich auch noch weg, der Blödmann!"

Jetzt kann man zeigen, dass hinter der Wut von Johannes höchstwahrscheinlich auch Traurigkeit und Enttäuschung stecken, schon wieder abgewiesen worden zu sein. Hinter der Zurückweisung von Michael ist vielleicht seine Unsicherheit versteckt, seine Angst, nicht mehr der „Bestimmer" sein zu können. Dass hier ein Gespräch und der Anreiz zur Selbstreflexion gut tun, gilt nicht nur für Jungen, sondern genauso auch für Mädchen.

Wenn Süchtige ohne Rücksicht auf Leib und Leben nach etwas suchen, dann muss dies etwas ganz Wichtiges, etwas Existenzielles sein. Es ist die Suche nach Glücksgefühl und Wohlbefin den. Man müsste also, um Süchte zu verhindern, das, wonach Menschen süchtig werden, und wofür sie alles riskieren, ihnen bereits zum passenden Entwicklungszeitpunkt anbieten, schon bevor ein Mangel sich bemerkbar macht und die Ersatzsuche beginnt. Also: das Angebot des Originals, bevor die Suche nach Ersatz beginnt.

Was müssen Jugendliche schon lange vor der Adoleszenz angeboten bekommen haben, um nicht dann zu gesundheitsriskantem Verhalten greifen und nach imaginären Lösungen suchen zu müssen,
– wenn die Abgrenzung gegenüber Erwachsenen ansteht,
– wenn es ihnen absolut notwendig erscheint, von Gleichaltrigen anerkannt zu werden,
– wenn Identität und Selbstbewusstsein vielerorts unter Beweis gestellt werden müssen,
– wenn auch in schwierigen Situationen Kontakt aufgenommen werden muss
– und wenn gar nicht so selten parallel zu coolen Machtdemonstrationen mit Irritationen und Ohnmachtsgefühlen gelebt werden muss?
Was muss dann bereits geschehen sein?

Schon als Säuglinge brauchen Kinder die Erfahrung einer sicheren Bindung an ihre Bezugspersonen, damit eine innere Sicherheitsbasis entstehen kann, die das Kennenlernen und Kontaktaufnehmen mit anderen Menschen möglich macht. So gestärkt sind Kinder interessiert daran, ihren Erkundungsspielraum ständig zu erweitern; angstfrei werden sie die Welt erkunden, vielfältige Erfahrungen sammeln, Zusammenhänge erforschen und Veränderungen bewirken. Hinzu kommen muss die Erfahrung agierender und reagierender Bezugspersonen, die es ermöglichen zu lernen, dass und wie man der Umwelt aktiv begegnen kann, denn das Bewusstsein der eigenen Aktivität ist ein wesentlicher Schutzfaktor gegen Ohnmachtsgefühle. Nur wer am eigenen Leib erfahren hat, dass seine Gefühlsäußerungen wahrgenommen, ernst genommen und adäquat beantwortet werden, kann sich in andere Menschen hineindenken und auf deren Befinden eingehen.

Nicht zuletzt sind Bezugspersonen, Eltern wie Erzieherinnen, eine nahezu unerschöpfliche Quelle für Informationen. Bei ihnen bekommt man seine Fragen – und seien sie auch nur durch Blicke gestellt – beantwortet. Hier werden nicht nur Sachinformationen weitergegeben, sondern ebenso Einschätzungen und Erfahrungsvorsprünge.

Die heutige kindliche Erfahrungswelt wird dem kindlichen Sinneshunger nicht ohne Zutun der Erwachsenen und ohne deren bewusste Angebotswahl gerecht. Denken Sie nur an die in den letzten Jahren massiv veränderten Wohnverhältnisse besonders in den Städten. Wo können Kinder, ohne durch den Verkehr gefährdet zu sein, einfach nur rausgehen, sich treffen und zusammen spielen? Zufällige Begegnungen und Verabredungen sind nur mit Elternhilfe möglich, die Kinder sind also in ihrer Spontaneität massiv eingeschränkt. Und selbst wenn Kinder irgendwo spielen können, finden sie sich meist auf asphaltierten Flächen oder DIN-Spielplätzen wieder, die außer einem mehr oder weniger schmuddeligen Sandkasten, einer Rutsche und einer Schaukel nichts zu bieten haben; wahrlich keine Umgebung, die Spiellust und Fantasie fördert. Hier muss der Kindergarten präventiv ansetzen, allein durch seine Gartengestaltung und seine Unternehmungen, die dann auch nicht mehr nur eine Bereicherung der familiären Lebenssituation des Kindes darstellen, sondern sogar bewusst einen Ersatz dafür bieten, was den Kindern sonst entgeht. Denn sonst bleiben die Kinder ewig hungrig auf echtes Erleben. Die Bereitstellung von aktiv gestaltbarem Lebensraum, das Schaffen von Spielräumen, gehört zu den Aufgaben der Bezugspersonen, will man die Selbständigkeitsentwicklung von Kindern unterstützen und selbstbestimmtes Lernen ermöglichen.

Wie man auf andere Menschen zugeht, mit ihnen in Kontakt kommt und diesen auch aufrechterhalten kann, lernt man von seinen Bezugspersonen. Bereits beim Fremdeln ist die Heftigkeit der Reaktion des Kindes auf ihm unbekannte Menschen auch davon abhängig, ob die anwesende Bezugsperson selbst verunsichert und ablehnend reagiert oder nicht, ob sie das Kind behutsam dem Fremden nähert, ihn dem Kind vorstellt und somit für dieses einen Kontakt anbahnt, Fremde also spannend erscheinen lässt.

Diese Situation lohnt es sich zu merken und auf den Kindergarten zu übertragen. Wenn Sie wieder einmal „neue" Kinder in ihre Gruppe einführen wollen, womöglich einzelne Zweijährige in eine kleiner gewordene Kindergartengruppe, dann müssen Sie doppelgleisig planen: Das „neue" Kind in die Gruppe begleiten, die „alten Hasen" mit dem Neuankömmling vertraut machen.

Über ein reiches Repertoire an Konfliktlösungsstrategien zu verfügen, macht einen Menschen sozialkompetent, da es ihm möglich wird, seinen eigenen sowie den Wünschen der anderen die jeweils richtige, an die Situation angepasste Bedeutung zukommen zu lassen.

Von wenigstens einem Familienmitglied oder einer außerfamiliären Bezugsperson bedingungslos – ohne Vorleistungen erbracht zu haben – geliebt und akzeptiert zu werden, gehört zu den wichtigsten Schutzfaktoren im kindlichen Entwicklungsverlauf.

Für uns im Kindergarten heißt das auch, dass wir darauf achten müssen, unsere dem einzelnen Kind entgegengebrachte Sympathie nicht von der Attraktivität und Pflegeleichtigkeit eines Kindes oder von schnellen Vorurteilen abhängig zu machen, weil beispielsweise ein Kind immer so schmuddelig wirkt oder das Dickerchen sich immer so unbeholfen bewegt.

Kindheit verläuft heute anders als noch zu Zeiten unserer Großeltern, doch haben die heutigen Kinder am Lebensanfang noch immer die identischen biologischen und psychologischen Bedürfnisse wie bereits die Kinder viele Generationen vor unseren Großeltern. Doch eines ist anders geworden: heutige Kinder haben viel, viel mehr Ersatzbefriedigungen zur Verfügung und einen viel leichteren Zugang zu diesen. Manchen Ersatz bekommen sie aufgedrängt, das Original vorenthalten. Das kann auch im Kindergarten leicht passieren. Wie schnell geht der Griff in die reiche Auswahl an Sachbüchern zu bestimmten Themen, anstatt einen Themenkreis vor allem durch Unternehmungen, gemeinsame Überlegungen und gemeinsames, alle einschließendes Tun zu erarbeiten, und dabei vielleicht ganz neue Aspekte kennen zu lernen. Das Sachbuch kann dann immer noch zur Ergänzung und Vertiefung hinzugezogen werden. Licht und Schatten, Tag und Nacht vielschichtig erlebt zu haben, hat andere Lernkonsequenzen, als dem Gang der Erde um die Sonne in einem Buch nachgegangen zu sein.

Trotz oder gerade wegen der vielen Ersatzangebote scheint das Leben nicht leichter geworden zu sein. Viel zu wenig beachten wir, dass die Vielfalt an Ersatz, der glücklich und klug machen soll, mit einem Mangel an echter Bedürfnisbefriedigung einherzugehen scheint, was einem Kind notgedrungen nahelegt, sich mit Ersatz zufrieden zu geben.

1.2 Ich mag etwas sehr. Ist das schon Sucht?

Sich mit dem Thema Sucht intensiver zu beschäftigen, ängstigt viele Menschen. Betroffen möchte niemand sein. Wo aber fängt Sucht genau an? Welche Abhängigkeit wird noch akzeptiert, toleriert, noch nicht als Gefahr gesehen? Darf man nie schwach werden, seiner Lust nachgeben? Erfreulicherweise sind relativ wenige, wenn auch in absoluten Zahlen viel zu viele Menschen suchtkrank, doch ab wann ist man eigentlich suchtkrank?

Niemand möchte auf lieb gewordene Gewohnheiten verzichten, allerdings will auch niemand die Grenze zwischen den kleinen „Sünden" und der großen Sucht überschreiten.

- Wir wissen und spüren, dass die kleinen Sünden helfen, den Alltag zu meistern und Stress zu vermindern. Sie gehören zu unseren erfolgreichen Bewältigungsstrategien.
- Wir wissen auch, dass nicht alles, was wir machen, gesund ist; doch haben wir inzwischen gelernt, dass gesund zu leben nicht automatisch bedeutet, ohne Spaß und Lust leben zu müssen.

So gibt es z. B. kein Nahrungs- und Genussmittel, auf das wir gänzlich verzichten müssten. Einschränken müssen wir nur die Häufigkeit und die Menge bestimmter Stoffe, die wir zu uns nehmen. Außerdem sollten wir auf ein möglichst vielfältiges Nahrungsspektrum und vor allem auf regelmäßige Bewegung achten.

Der Sekt zum Anstoßen, das gemütliche Gläschen Wein im Freundeskreis, das Bier gegen den Durst nach der Wanderung, die Tafel Schokolade, als Belohnung nach Beendigung einer schwierigen Aufgabe oder zum motivierten Weitermachen bis zum erfolgreichen Ende, scheinen für uns kein Problem zu sein, kein gesundheitliches und keine Abhängigkeit schaffendes. Ganz anders verhält es sich mit der zur Regel gewordenen neuen Zigarette, kaum dass die letzte ausgedrückt wurde, weil ohne sie ein konzentriertes Nachdenken nicht mehr möglich scheint. Als problematisch betrachten wir auch den täglichen Alkoholkonsum, wenn ohne diesen keine Entspannung mehr möglich ist, da nur er die ersehnte Betäubung mit sich bringt und die anstehenden Probleme unwichtig werden lässt. Genannt werden muss auch der Medikamenten- oder Essensmissbrauch zur Beseitigung von Gefühlen wie Traurigkeit, Angst, Langeweile oder Unwohlsein, ohne dass man hierzu mit anderen Menschen hätte Kontakt aufnehmen, konfliktfähig werden oder den nötigen Druck hätte verspüren müssen, der nötig gewesen wäre, um sich selbst aus dem Sumpf zu ziehen.

Die Veränderung unserer Befindlichkeit durch Drogenkonsum zur Erhöhung der Lust und zur Behebung der Unlust ist ein allgemeiner, zu allen Zeiten und in allen Kulturen zu findender Bestandteil des menschlichen Lebens. Zum Problem werden Drogen erst, wenn ihr Konsum nicht mehr in feste Rituale, soziale Sitten und Traditionen eingebunden ist, sondern individuell, durch nichts gebremst zur Stimulation und Angstbeschwichtigung eingesetzt wird, was unweigerlich in die Abhängigkeit führt.

Am Beispiel unseres Nahrungsverlangens möchten wir Ihnen diese wichtigen Zusammenhänge nochmals aufzeigen – damit Sie von unnötiger Angst befreit, aber an den richtigen Stellen zum Nachdenken gebracht werden.

Unser Körper weiß genau, was ihm für anstehende Aufgaben und in bestimmten Stimmungen gut tut. Wenn ihm hierzu einzelne Stoffe fehlen, scheint er dem Bewusstsein dieses Defizit zu signalisieren. Der Appetit auf Entsprechendes regt sich. Viele Nahrungsmittel, auf die wir uns mit Heißhunger stürzen, sind nicht nur Energielieferanten, sondern enthalten auch Stimmungsmacher. In Produkten mit Zucker, Milch und Weizen findet man Stoffe, die den körpereigenen Opiaten sehr ähnlich sind und deshalb vergleichbar arbeiten können, nämlich Frust verschwinden und Wohlbefinden aufkommen lassen. Ein Croissant, ein bisschen Schokolade, Nudeln oder Pizza, und wir sind glücklich.

Heißhungeranfällen nachzugeben, also hin und wieder schwach zu werden, ist weder ein gesundheitsgefährdendes Verhalten noch macht es süchtig, vorausgesetzt

- wir ernähren uns normalerweise vollwertig,
- wir essen primär, wenn wir Hunger haben und nicht, um Kummer auszuweichen,
- wir kennen noch viele weitere Wege, uns zu Glück und Wohlbefinden zu bringen: laufen, lesen, wandern, tanzen, schwimmen, mit Freunden etwas unternehmen …

Die Kunst, nicht süchtig zu werden, scheint u. a. darin zu liegen, über ein Strategienpaket für situatives Wohlbefinden und angemessenes Problemlösen zu verfügen und nicht auf die absolut einengende Ausschließlichkeit der Suchtbelohnung und „Dröhnung" durch Suchtmittel angewiesen zu sein. Bereits in der Kindheit zu wissen: „Es gibt so viel, was mir gut tut, und noch mehr, was ich kann!", ist ein gewaltiger Schutz gegen die Einbahnstraße Sucht.

1.3 Sicher gebunden, um unabhängig werden zu können

Der beste Zeitpunkt für Suchtprävention liegt – wieder einmal, da dies für viele präventive Gedanken gilt – in der frühen Kindheit. Und dies nicht nur, weil Suchtprävention auch auf der Förderung der kindlichen Ich-Stärke beruht, die sich – wenn alles gut geht – in dieser Zeit entwickelt, sondern auch deshalb, weil Suchtprävention auch durch die Unterstützung der kindlichen Selbstbildungsprozesse stattfindet, die ebenfalls in der frühen Kindheit ablaufen. Kindliche Selbstbildungsprozesse bedeuten die Fähigkeit des Kindes, sich in vielen Bereichen Dinge selbst beizubringen und dabei die wertvolle Erfahrung zu machen, eine Selbstkompetenz zu besitzen, die es auch zukünftige knifflige Situationen immer wieder bewältigen lassen wird. Die

Aufgabe der Bezugspersonen, Eltern wie Erzieherinnen, liegt in einem ausbalanciertem Umgang mit dem Kind, zwischen aktivem Fördern und passivem Gewährenlassen.

Vielleicht überdenken Sie nach diesen Sätzen Ihren Tagesablauf im Kindergarten, seine Struktur mit Freispielzeit und Angeboten nochmals auf diese beiden Gesichtspunkte hin? Möglicherweise kommen Sie hierbei in eine Zwickmühle und fühlen sich zwischen Ihren pädagogischen Vorstellungen und Zielen und den Erwartungen der Eltern an Sie hin- und hergerissen. Dann müssen Sie den Eltern ihr Konzept deutlich machen, Ihnen erklären, „warum die Kinder so viel spielen und draußen rumtoben dürfen", aber „so wenig basteln und fast nichts nach Hause bringen", wie viele Eltern meinen. Machen Sie den Eltern klar, welche für die Entwicklung wichtigen Erfahrungen die Kinder im eigeninitiierten und im gemeinsamen Spiel machen, und welche Ziele Sie in Ihrer pädagogischen Arbeit verfolgen, nämlich jedes Kind bestmöglich auf eine Zukunft nach dem Kindergarten vorzubereiten. Fühlt ein Kind sich wohl und sicher gebunden, braucht es nicht seine ganze Kraft, um tagtäglich mit Angst und Unsicherheit fertig zu werden, um zu überleben, sondern es kann, seiner selbst und der Zugewandtheit seiner Bezugspersonen sicher, mit Problemen angemessen umgehen lernen, und durch ungestörte Erkundungen Wichtiges und ständig Neues über seine Mitmenschen und seine Umgebung erfahren. Die Zugewandtheit der Bezugspersonen hat sich als äußerst wichtig erwiesen, da viele kindliche Entwicklungsschritte eines motivierenden Startimpulses „von außen" bedürfen. Echte Angebote, mit denen Kinder „etwas anfangen" können, und auf kindliche Initiativen abgestimmte Reaktionen sind kraftspendende Streckenposten auf dem Weg des Eigenerlebens.

In Freiburg wurde vor wenigen Jahren ein fünfmonatiges Modellprojekt *„Ich-Stärke von Anfang an"* erfolgreich und zum weiteren Einsatz motivierend durchgeführt. Die Veranstalter, der Arbeitskreis „Eltern werden – Eltern sein" sowie die Stadt Freiburg hatten als Zielgruppe für Weiterbildung und Supervision Kursleiterinnen von Elternkursen und Einzelberaterinnen von Säuglingseltern und Schwangeren ausgewählt. Die Wahl fiel auf sie, da sie als Vorbild und Multiplikatoren in der für das Kindeswohl empfänglichsten Zeit mit den werdenden Eltern zusammenarbeiten. In der Zeit vor und nach der Geburt besonders des ersten Kindes sind Eltern offen und neugierig für alles, was ihr Kind und dessen Entwicklung betrifft. Sie reflektieren in dieser Zeit häufig ihre eigene Erziehungserfahrung und suchen Austausch und Anleitung.

„Die ganz frühe Form vorbeugender Arbeit wird Primärprävention genannt, da sie an den Ursprüngen beginnt. Sie hat die Entwicklung von Selbstsicherheit und Ich-Stärke zum Ziel.
Das können Eltern tun:
- *Die Grundbedürfnisse angemessen befriedigen,*
- *dem Kind etwas zutrauen,*
- *ihm Verantwortung für sich selbst in altersgemäßer Form übertragen,*
- *die positive Lebensgrundhaltung besonders in Konflikten bewusst machen und*
- *Zusammenarbeit anstreben,*
- *Probleme erkennen und Konflikte lösen,*
- *Achtung vor dem anderen haben,*
- *einen positiven Zuwendungshaushalt erreichen,*
- *die Vorbildfunktion ernst nehmen,*
- *gemeinsam Spaß haben und etwas unternehmen,*
- *Interesse aneinander zeigen, im Gespräch sein und einander zuhören."* (Sieß 1999, S. 128f)

Im Idealfall wirkt die erzieherische Begleitung eines Kindes durch seine Eltern und weitere Bezugspersonen als „Generalprävention". Das heißt: Ein Kind, das von seinen Bezugspersonen so begleitet wird, dass es sich selbstsicher und in gutem Kontakt mit seiner Umgebung entwickeln kann, wird problemlösungsfähig und angemessen auch mit Drogen jeder Art oder Gewalt umgehen können.

Wie sich bestimmte Probleme und die Lösungsansätze, um genau diese Probleme zu verhindern, ähneln, zeigt sich bei der Sucht- und bei der Gewaltprävention, denen beiden dieselbe Bedürfnisbasis zu Grunde liegt.

Die kriminologische Forschung über Entstehungsbedingungen von Gewalt erlaubt ein erstes Fazit:

„Angesichts der Forschungsbefunde liegt es auf der Hand, dass kriminalpolitische Strategien, die einzig auf vermehrte Repression setzen, nicht vorwärtsweisend und erfolgversprechend sein können. Repression bedeutet für gewaltgefährdete junge Menschen in der Mehrzahl der Fälle nur mehr von demselben, was sie in ihrer Biografie bislang ohnehin schon erdulden mussten. Anstelle von Zuwendung, Anerkennung und Förderung haben sie schon in ihren Familien nicht selten Ausgrenzung, Ablehnung und auch Gewalt erfahren.

Unsere Gesellschaft ist insofern aufgefordert, das Aufwachsen von jungen Menschen so zu gestalten, dass sie Selbstwertgefühl und soziale Kompetenz entwickeln, sich in unsere Gesellschaft eingebunden fühlen und Verantwortung und Gemeinschaftssinn entfalten können. Bei vielen Kindern und Jugendlichen sind derzeit dafür die Rahmenbedingungen zumindest als ungünstig zu bezeichnen. Hinsichtlich der familiären Situation ist die Abschaffung des elterlichen Züchtigungsrechts überfällig. Ein Staat, der seinen Bürgern signalisiert, dass das Schlagen von Kindern rechtmäßig sein könnte, produziert damit das Missverständnis, das rechtlich Erlaubte sei auch richtig. Auf diese Weise wird er mitschuldig an dem hohen Niveau innerfamiliärer Gewalt gegen Kinder und Jugendliche." (Pfeiffer/Wetzels, S. 22)

Zum Weiterlesen:

Sieß, H. / Müller-Herzog, U. (1997): Projektbericht Ich-Stärke von Anfang an. Stadt Freiburg, Sozial- und Jugendamt, Dezernat III, Beauftragter für Suchtprophylaxe, D – 79095 Freiburg.

Sieß, Heidrun (1999): Starke Eltern – starke Kinder. Eine frühkindliche Erziehung zur Ichstärke. Walter, Zürich, Düsseldorf.

Pfeiffer, C. / Wetzels, P. (1999): Zur Struktur und Entwicklung der Jugendgewalt in Deutschland. Aus Politik und Zeitgeschichte B 26/99, S. 3–22.

1.4 Echt stark ist, wer weiß, dass Schwächen, Krisen und Konflikte zum Leben dazugehören

Einen Menschen „da abzuholen, wo er in seiner Entwicklung steht", ist ein Lehrsatz der Psychologie, der vor fast 20 Jahren erarbeitet und schnell bekannt wurde und bis heute trotz vieler neuer Ergebnisse im Entwicklungsbereich nichts an Bedeutung verloren hat. Ein Satz, über den man philosophieren kann – was häufig getan wird –, aber auch ein Satz, über dessen praktische Konsequenzen, z. B. über seine Anwendungsbeispiele im Kindergarten, nachgedacht werden kann, was jedoch leider immer noch recht wenig geschieht. Im Zusammenhang mit einem angemessenen Umgang mit Verhaltensweisen, die uns auffallen, lohnt sich dieses Nachdenken besonders.

Will man diese Einsicht umsetzen, so steht das individuelle Eingehen auf jedes Kind, die Berücksichtigung seiner Entwicklungsbesonderheiten bei allen Überlegungen, die zu seinem Wohle unternommen werden, an erster Stelle.

Hierzu gehört die Frage, wie und warum das Kind da hin gekommen ist, wo wir es nun vorfinden und abholen sollen. Wie wir dieses Abholen gestalten, hängt natürlich sehr von der Antwort auf diese Frage ab. Sehen wir ein Kind als noch „defizitären Erwachsenen", dann scheint es uns immer unzulänglich und förderungsbedürftig (siehe Kap. 3, Einführung). Dann wird unser Nachdenken über das Kind eher eine Fehlersuche als eine Schatzsuche sein, ein Umstand, der unsere Motivation hierfür und unsere denkbaren Lösungvorstellungen deutlich unterschiedlich ausfallen lassen wird.

Kinder fallen auf, weil sie irgendwie anders sind, seien sie nun besonders begeistert, ausgeglichen und kameradschaftlich oder eben besonders auffällig in ihrem „Fehlverhalten". Die Kategorisierung „Kinder mit Fehlverhalten" ist – etwas genauer betrachtet – recht problematisch, legt sie uns doch nahe, dieses Verhalten möglichst schnell wieder „ins Normale" zurückzuführen. Ein so genanntes Fehlverhalten kann aber auch ein durchaus sinnvolles Signalverhalten sein, um auf besondere Zustände der Lebensumwelt oder auf spezielle, bislang nicht ausreichend beachtete Schwierigkeiten aufmerksam zu machen. Es kann sogar eine recht gesunde Reaktion auf eine problematische Erziehung sein: Um einer permanenten Überforderung zu entgehen, muss man sich verweigern, um sich notdürftig zu schützen; aus einer einengenden Erziehung muss man ausbrechen, um wieder atmen zu können, oder mit Geschrei, Gehopse und Faxen auf

sich aufmerksam machen, wenn man immer vergessen wird. Auf jeden Fall muss detailliert geklärt werden, warum ein Kind ein solches isolierendes Verhalten zeigt und welche Probleme hinter seinen Signalen, Hilferufen und Unzulänglichkeiten stecken. Wir müssen verstehen, was in solchen „Verhaltensstörungen" zum Ausdruck kommt und sich Gehör verschaffen will.

Der Psychologe Günther Bittner lehrt uns, psychische Auffälligkeiten von Kindern und Jugendlichen als ein Steckenbleiben in den Problemlösungsstrategien bestimmter Entwicklungsstufen zu verstehen. Diese Denkweise schließt das Zurückgehen auf eben den Punkt ein, an dem sich ein heute als „Störung" zeigendes Verhalten als einstmals sinnvoll und logisch folgerichtig zu erkennen gibt, wo sich der Sinn im Unsinn, die Vernunft in der scheinbaren Unvernunft enthüllt. Es geht ihm darum, die Einsicht zu wecken, dass Verhaltensweisen bei Kindern und Jugendlichen, die uns befremden, vielleicht sogar stören, in ihrem Kern eine ursprünglich sinnvolle Anpassung an eine gestörte Umwelt sind. Diesen ursprünglich sinnvollen Kern der Verhaltensauffälligkeit zu erkennen, macht es uns möglich, unsere eigene Abwehr gegen das Verhalten des Kindes aufzugeben, neue Formen des Miteinanders zu suchen und Interaktionsmuster mit ihm „auszuhandeln" (Bittner 1996, S. 8/9).

Vor diesem gedanklichen Hintergrund begibt man sich auf die fruchtbare Suche nach individuellen Lösungen für Krisen, die durch kindliche Entwicklungsbesonderheiten sowie durch die Umgebungsreaktionen hierauf zu Stande kommen. Sorgfältige Verhaltensbeobachtungen lehren uns, dass Kinder schon in frühem Alter Reaktionschecks durchführen, d. h., dass sie ihr Verhalten und kleine kontrollierte Variationen davon bei ganz verschiedenen Menschen und in unterschiedlichen Situationen einsetzen, um die darauf folgenden Reaktionen sammeln und vergleichen zu können. Ist die Reaktion vielfach und vielmals Ablehnung, Abwehr und Verbot, ohne Auswege aufzuzeigen, wird das kindliche Verhaltensspektrum durch Irritation und fehlende Erfahrung immer eingeschränkter, fast monoton; höchstens provozierendes Aufbegehren bietet noch eine Variation. Hingegen wirken stete Ermunterung, Bestätigung und konstruktive Unterstützung als ständig anwachsendes Sicherheitspolster, um auch Schwieriges angehen und verändern zu können. Es geht um die Entwicklung heuristischer Kompetenz (mehr hierzu in Kap. 4.1.2). Damit gemeint ist die Fähigkeit und der Mut, in unerwarteten und bislang unbekannten Problemsituationen alternative Lösungsstrategien zu entwickeln. Jedes kleine Heureka-Erlebnis verschafft dem Kind gleich zweierlei: einen neuronalen Endorphinbelohnungsschub, der die Zufuhr künstlicher Wohltäter überflüssig macht, und eine Kompetenzsteigerung, die gegen Überforderung, Hilflosigkeit und Langeweile wappnet, allesamt Faktoren, die süchtiges Verhalten voraussagen.

Sie sehen, es geht auch um Selbstbestimmung und Eigenaktivität, und es geht um die Akzeptanz von Lernabläufen, die auch Umwege und Irrtümer zulassen, die fehlerfreundlich sind (Kap. 4.4.1). Und es geht um die Ermutigung des Kindes zu eigenen Lösungen.

Echt stark ist, wer weiß, dass Schwächen, Krisen und Konflikte zum Leben dazugehören, gleichzeitig aber Lösungswege gefunden hat.

Zum Weiterlesen:

Bittner, G. (1996): Problemkinder. Zur Psychoanalyse kindlicher und jugendlicher Verhaltensauffälligkeiten. Sammlung Vandenhoeck & Ruprecht, Göttingen.

1.5 Ich mag mich: das Bewusstsein haben, kompetent handeln zu können

Selbstakzeptanz fällt einem Menschen leichter, wenn er sich als Person angenommen fühlt, ohne eine Vorleistung erbracht zu haben, wenn er also nicht nur auf Grund seiner Leistungen geschätzt wird.

Kompetent ist der, der an sich glaubt, sich in vielen Situationen kennt und der sich selbstwirksam erlebt (Kap. 4.1.1).

Fähig und kompetent zu sein, in vielen Situationen angepasst zu handeln, ist ein Lebensschatz.

Ist dies nicht der Fall,
- muss man feststellen, eigentlich nie eine echte Chance zu haben;
- wird man immer darauf warten müssen, dass irgendjemand kommt oder da ist, der für einen handeln kann – das macht abhängig;
- weicht man auf Ersatzhandlungen aus und akzeptiert ein Ausweichziel, das nicht das ursprüngliche ist (statt Freunde finden, Schokolade essen).

Uns ist es wichtig, Ihnen zu zeigen, dass Kompetenz natürlich ein höchst individueller Schutzfaktor ist, ihr Erfolg aber von der Beziehungsqualität abhängt, die ein Kind erlebt. Sie ist eine Beziehungsleistung und variiert deshalb auch von Situation zu Situation, je nachdem, welche Beziehungsgüte gerade herrscht.

Kompetent wird man nicht von ganz allein, die Umgebung muss ein Kind kompetent werden lassen, ihm Rahmenbedingungen schaffen, die Kompetenzentstehung erst möglich machen, sie muss an seiner Kompetenz interessiert sein und sie auch ertragen (in jedem Kapitel in unserem Buch ist hiervon die Rede!).

Hier schon einmal eine Frage zum Nachdenken und um sich in das Kompetenzverständnis einzulesen: Was können Zweijährige?

Diese Frage – so gestellt – ist völlig irrelevant, da sie in dieser Allgemeinheit nicht beantwortet werden kann: ausschlaggebend zur Beantwortung ist nämlich, ob die Zweijährigen, über die wir nachdenken, im Beisein ihrer Eltern sind oder nicht. Ihr Verhalten ist maßgeblich dadurch bestimmt, ob ihre primären Bezugspersonen anwesend sind. In Anwesenheit der Eltern steigen ihre Kompetenzen, manche werden sogar erst sichtbar. Das hat natürlich Konsequenzen auf Zweijährige in Fremdbetreuung. Was können wir von ihnen erwarten? Mit Sicherheit nicht die in Familiensituationen gemessenen emotionalen und sozialen Leistungen! Diese Familienwerte werden erst nach einer rundum gelungenen Eingewöhnung (und wenn das Kind etwas älter geworden ist) langsam auch außer Haus erreicht. Dass hier Überforderungssituationen drohen, ist verständlich. In der Einrichtung Rahmenbedingungen vorzufinden, die auf das familiär betreute Zweijährige zugeschnitten sind, wird den Neuankömmlingen nicht gerecht, die ihre ganze Kraft dafür brauchen, in anfangs fremde Erwachsene, die sich ihnen als Bezugspersonen anbieten, Vertrauen zu fassen und sich an Kinder zu gewöhnen, die zwar Spannendes machen, aber dennoch wenig vertraut sind und oft auch selbst noch recht unausgeglichen, wenn nicht sogar unglücklich wirken (Bensel/Haug-Schnabel 1999).

Kinder unter drei Jahren bevorzugen in Einrichtungen normalerweise Erwachsene als Spielpartner, mit 1½ Jahren verbringen sie nur 3 % ihrer Gesamtspielzeit mit anderen Kindern. Zuhause, im Beisein der Mutter, sieht dies völlig anders aus. Kommt hier ein vertrautes Kind zu Besuch, so verbringt das 1½-jährige bis zu 50 % der Zeit im Spiel mit diesem Kind. Übrigens spielen auch Krippenkinder zuhause mehr mit anderen Kindern, als sie dies in der Krippe tun. Zu sagen, 1½-jährige spielen selten mit Gleichaltrigen, wäre ebenso falsch wie: 1½-jährige spielen die Hälfte ihrer Zeit mit Gleichaltrigen. Die Familiendaten fälschlicherweise auf die Einrichtung zu übertragen, würde die Bedeutung der erwachsenen Bezugsperson als Spielpartner verhängnisvoll schmälern, da die in Vielzahl anwesenden Kinder die speziellen Spiel- und Kontaktwünsche nicht auffangen könnten.

Kompetenz kann nicht vorausgesetzt oder gefordert werden; sie entsteht im Rahmen fester Bindungen, unter kind- und situationsgemäßen Anforderungen und bei bestmöglichem Erfahrungsangebot.

Zum Weiterlesen:

Bensel, J./Haug-Schnabel, G. (1999): Sind 2-jährige reif für den Kindergarten? Ist der Kindergarten „reif" für 2-jährige? Gutachten für den Landeswohlfahrtsverband Baden, Karlsruhe (Ernst-Frey-Str. 9, 76136 Karlsruhe).

2 Ich-Stärke gewinnen, um sich selbst immer wieder zu finden

In diesem Kapitel machen wir mit Ihnen eine Reise in die „Vergangenheit" Ihrer Kindergartenkinder, in die Jahre vor dem Eintritt in den Kindergarten. Sie müssen nämlich wissen, was bei Ihren Kindern – entwicklungsmäßig betrachtet – bereits „gelaufen" ist oder gelaufen sein sollte, bevor sie zu Ihnen gekommen sind. Denn nur dann können Sie das Kind „da abholen, wo es gerade steht" und mögliche Entwicklungsdefizite leichter erkennen und diese gemeinsam mit dem Kind, vielleicht auch mit seinen Eltern oder unter Hinzuziehung weiterer Spezialisten, aufarbeiten.

Der neugeborene Säugling weiß nicht, wer seine Eltern sind. Er prägt sich ein, wer ihn betreut, wer ihm Nahrung, körperliche Pflege und Zuwendung gibt. So lernt er diejenigen Menschen, die bei ihm die Mutterstelle bzw. Elternstelle einnehmen, an ihren unverwechselbaren Eigenschaften wie Stimme, Aussehen, Geruch, Art des Verstehens und Reagierens auf seine Lebensäußerungen und Aktivitäten kennen. Ihm ist egal, ob diese Menschen seine leiblichen Eltern, seine Großeltern oder genetisch nicht verwandte Personen wie Pflege- oder Adoptiveltern oder andere, mit seiner Betreuung und Versorgung beauftragte Menschen sind. Das Entstehen einer Bindung ist nicht an leibliche Verwandtschaft gebunden, es genügt dem Kind zu spüren, dass es jemand verlässlich betreut, zu dem er Vertrauen und Zuneigung entwickeln kann, der also zu ihm gehört. Innere Sicherheit, Geborgenheit und Angstfreiheit beim Kind sind die ersten Kennzeichen einer sich stabilisierenden individuellen

Bindung. Und gleichzeitig sind dies die wesentlichen Voraussetzungen, um das Kind für den weiteren Entwicklungsprozess stark zu machen.

War früher nur von der Mutter-Kind-Beziehung die Rede, so lässt der heutige Wissensstand den Begriff Eltern-Kind-Beziehung weit geeigneter erscheinen; denn heute nehmen viele Väter mit ihrem Kind schon von dessen Geburt an engen Kontakt auf und sind an seiner Pflege beteiligt. Sie übernehmen die Funktionen einer Bezugsperson und werden so zu einer. Dies bedeutet keine Abwertung der Mutter-Kind-Bindung, sondern eine Aufwertung der Betreuungsfähigkeit der anderen Bezugspersonen und der Beziehungsfähigkeit des Säuglings. Dieser ist für Sozialkontakte offener als ursprünglich vermutet. Ein Kind kann bereits mit wenigen Monaten verschiedene Bezugspersonen kennen gelernt haben und differenziert auf sie reagieren. Wichtig sind Zuverlässigkeit und Kontinuität bei der Pflege. Zwischen Bezugspersonen und dem Kind muss die Gelegenheit zu regelmäßigen Zwiesprachen gegeben sein. Diese Voraussetzung hält die Zahl der Bezugspersonen automatisch klein. Denn nur bei Kontinuität in der erzieherischen Betreuung entsteht eine sichere Bindung. Diese kommt der menschlichen Neigung entgegen, enge emotionale Beziehungen zu suchen und einzugehen, um aus dieser Situation der Geborgenheit heraus Anforderungen und Anregungen annehmen zu können.

Trotz der Wichtigkeit einer guten Bindung im Säuglingsalter ist die Beziehungsfähigkeit eines Menschen nicht unabänderlich in der frühen Kindheit festgelegt. Die sozialen Erfahrungen im Kindergarten, im Schulalter und in der Adoleszenz sind für die soziale Kompetenz und das psychische Wohlbefinden des erwachsenen Menschen genauso wichtig wie die frühkindlichen Erfahrungen (Largo 1996, S. 37).

Der heutige Wissensstand lässt es zu, die wichtigsten Bedingungen für Ich-Stärke zu nennen. Es sind:

– stabile Bindungserfahrungen, die wie ein Schutzmantel oder Gefahrenpuffer wirken,
– sowie das in vielen Situationen erworbene Wissen, sich auf sich selbst verlassen zu können, seine Stärken und Schwächen zu kennen und deshalb einkalkulieren zu können,
– ebenso die Erfahrung, viel zu können, dies selbst festgestellt und von anderen gesagt bekommen zu haben; gute Ideen zu haben; wenn es klemmt, schnell einen Ausweg zu sehen; sich nicht allein zu fühlen; sich zu helfen wissen und auch genau zu wissen, wo man Hilfe holen und dass man sich darauf verlassen kann.

Menschen, die auch in Konfliktsituationen und unter Stressbedingungen ihre Interaktionen mit der Umgebung nicht einstellen, nicht frustriert und von niemandem mehr erreichbar in einem Mauseloch verschwinden, sondern mit ihrer Umwelt weiter in Kontakt bleiben, Hilfe und Unterstützung suchen und einfordern, Bedürfnisse äußern, Defizite ansprechen und Auswege erkennen können, sie haut so schnell nichts um. Sie zeigen Ich-Stärke.

Doch muss man ihnen auch die Chance geben, derartige Erfahrungen zu sammeln, auch mal schlechte, um es beim nächsten Mal besser machen zu können. Denn dann geht ins Gedächtnis ein: „Es war schwierig, es hätte wieder schief gehen können, doch es hat geklappt; also war ich gut!"

Gelegenheiten hierzu bietet der Kindergarten im Übermaß; wir werden Sie während des Buches immer wieder darauf aufmerksam machen, wo und wann diese wichtigen Erfahrungen zu machen sind.

2.1 Beziehungen aufbauen

Ich-stark, kommunikationsbereit, interaktionsfähig und sozial-kompetent wird man, wenn man von Anfang an, schon als ganz kleines Baby, als eigenständiges Individuum behandelt, d. h. wahrgenommen, verstanden und ernst genommen wird. Wichtig ist, dass die Bezugspersonen liebevoll, zärtlich und zugewandt sind. Durch eine einfühlsame und beständige Versorgung erfährt ein Säugling Konstanz und dadurch Sicherheit, so dass Irritationen und Ohnmachtsgefühle nur ganz selten und kurz aufkommen. So betreut erlebt er, dass auf seine Äußerungen des Wohlbefindens und ebenso auf seine Unbehagensäußerungen innerhalb kürzester Zeit auf vorhersagbare Weise von seinen Bezugspersonen reagiert wird. „Immer gibt es eine Lösung, ich muss mich nur melden", lautet die wieder und wieder beim Kind ankommende Botschaft, die es zwar in ihrer Bedeutung noch nicht verstehen kann, deren Konsequenzen es jedoch bereits als Beruhigung und Befriedigung erlebt.

Langsam entsteht ein Band zwischen dem Kind und seinen Bezugspersonen. Konstante und zuverlässige Betreuung hilft ihm, seine Welt zu strukturieren, und lässt Geborgenheit aufkommen. Vor dem Hintergrund dieser Betreuungsroutine wird ihm bewusst, dass Bezugspersonen auch dann noch existieren, wiederkommen und erneut ihre Funktionen erfüllen, selbst wenn sie im Moment nicht anwesend sind. Auch mal genussvoll allein sein zu können, lernt ein Kind dadurch, dass es in seinen ersten Lebensjahren konstante Verfügbarkeit und Ansprechbarkeit erleben durfte und diese guten Beziehungserfahrungen speichern konnte; eine ganz wichtige Basis, um zeitlebens bereit zu sein, vielfältige Beziehungen einzugehen.

2.1.1 Gruppenmitglied werden, Individuum bleiben

Stellt man bei einer Fortbildungsveranstaltung die Frage „Was ist für ein glückliches Leben wichtiger: Gruppenfähigkeit oder Individualität?", so wird es eine heiße Diskussion ohne ein eindeutiges Ergebnis geben.

Das ist deshalb so gut vorauszusehen, weil die Frage einfach unentscheidbar bleibt, und das liegt an unserem Kontaktverhalten, das ständig zwischen Annäherung und Ablehnung hin- und herschwankt, sich also höchst ambivalent präsentiert. Winzig kleine Unterschiede im Befinden des Einzelnen oder Abweichungen in umgebenden Reizsituationen haben deutliche Auswirkungen auf unser Kontaktverhalten.

Stellen Sie sich vor: Sie wandern seit Stunden, ohne einen Menschen getroffen zu haben, durch eine einsame, nahezu unberührte Landschaft. Dann kommt plötzlich ein anderer Wanderer auf Sie zu. Sie nehmen bereits auf einige Meter Entfernung Blickkontakt miteinander auf, lächeln und grüßen sich dann auch freundlich – zwei einander völlig fremde Menschen! Es kann zu einem kurzen Gespräch kommen, ein Informationsaustausch über Wetterprognosen, Unterkünfte und über den für den einen Wanderer bereits zurückliegenden und für den anderen noch bevorstehenden Weg, verbunden mit guten Wünschen für die weitere Tour. In den Pyrenäen isst oder trinkt man kurz etwas zusammen und in Neuseeland tauscht man Teile seines Proviants, um den Inhalt des Rucksacks für beide attraktiver zu machen.

Ganz anders sieht ein vergleichbares Treffen in einer überfüllten Einkaufspassage unserer Großstädte um die Mittagszeit aus. Unablässig kreuzt eine fremde Person unser Blickfeld. Unter diesen Bedingungen vermeidet man – selbst wenn man „gut drauf" ist – das direkte Anschauen und wehrt so demonstrativ jegliche intensivere Kontaktaufnahme bereits im Vorfeld ab. Die vielen Menschen, die Vielzahl sozialer Reize bringen Anspannung mit sich, der wir zu entgehen versuchen, indem wir möglichst wenig Blickkontakt aufnehmen und schneller laufen, also nicht kontaktbereit wirken. Eine effektive Methode, um sich gegen die Reizüberflutung abzuschotten.

Manchmal ist es uns nach anderen Menschen, manchmal absolut nicht. Das hängt – wie bereits erwähnt – von unserem Befinden, von den aktuell aktivierten Verhaltensbereitschaften ab. Ist z. B. bei einem Kind die Kontaktbereitschaft oder die Spielbereitschaft aktiviert, dann geht es mit allen Sinnen auf die Suche nach Interaktionspartnern. Es blickt sich um, lauscht, ob es irgendwo nach Spiel klingt, und streift suchend umher, weil sich durch die Ortswechsel die Wahrscheinlichkeit erhöht, auf jemanden zu treffen. „Sei doch nicht so unruhig", sagen Sie zu einem Kind, das sich langweilt; jetzt wissen Sie, warum es zu dieser Unruhe kommt!

Fühlt sich ein Kind unwohl, ist müde oder ängstlich, so ist es ihm nicht nach viel Trubel, meist aber nach ein oder zwei auserwählten, ihm eng vertrauten Menschen. Oder es will einfach nur ein wenig allein sein, sich zurückziehen und kurzfristig gar niemanden sehen.

 Denken Sie doch mal darüber nach, ob in Ihrem Kindergarten genügend Möglichkeiten bestehen, sich zurückzuziehen, sich auszuruhen, einfach mal dem allgemeinen Durcheinander auszuweichen. Gibt es einen Ruheraum oder zumindest eine Kuschelecke, oder wo ließe sich etwas so Wichtiges einrichten? Einige leere Umzugskisten zum Reinkrabbeln bewirken bereits Wunder.

Es muss einem übrigens nicht immer schlecht gehen, wenn man allein sein möchte! Aber wir neigen dazu, ein Kind, das irgendwo allein sitzt, ganz schnell zu fragen, ob ihm etwas fehlt oder ob irgendetwas passiert sei. Das kann natürlich durchaus zutreffen, doch man kann auch genussvoll für eine Zeit lang allein sein wollen, vor allem dann, wenn man es selbst in der Hand hat, wann man sich zurückzieht, vor der Welt versteckt, und wann man wieder den Kontakt mit ihr aufnehmen möchte. Das ist bei Kindern besonders gut zu beobachten. Verschwinden, wieder auftauchen, sich allein in seine Höhle zurückziehen oder zusammen mit Freunden ein eigenes, klar abgegrenztes, vielleicht sogar geheimes Territorium haben, mit Spielaufforderungen andere zum Mitmachen bewegen, all das sind Grundelemente vieler Kinderspiele, deren Basis der wechselnde Wunsch nach viel oder wenig Kontakt ist.

Werden Beziehungen im Kindergarten aufgebaut, regulieren die Kinder ihr Kontaktverhalten und stimmen es genau auf die Situation und ihr Befinden ab. Schaut man genauer hin, merkt man bald, dass sie gezielt einmal mit Annäherung, ein anderes Mal mit Ablehnung arbeiten können und dabei auf beiden Wegen gleichermaßen ihr Interesse aneinander signalisieren. Kinder wissen, dass eine Ablehnung auch manchmal nur bedeutet, nochmals gefragt werden zu wollen. Sich rar machen, sich verstecken, einige Zeit nach sich suchen lassen, etwas warten, bevor man antwortet, obwohl man den Zuruf bereits beim ersten Mal verstanden hat, all das sind typische Strategien für Kinder in Gruppen. Genauso wirksam, um das Interesse an sich zu wecken oder zu verstärken, kann es sein, sich unaufgefordert als Mitspieler oder Mitlacher anzubieten, als Helfer in der Not oder als Verstärkung in einem Konflikt. Hier werden sozusagen zwei soziale Fliegen mit einer Klappe geschlagen: Der Anbieter macht seine Zugehörigkeit deutlich, das Kind, das die Angebote erhält, bekommt seine soziale Attraktivität zu spüren. Das Geheimnis eines integrierten Gruppenmitglieds mit dennoch individuellen Interessen ist seine Fähigkeit, sich einbringen und sich zurückziehen, sich abgrenzen zu können.

Das klappt am besten bei eindeutiger Signalsprache, die ruhig einmal aufgegriffen und übersetzt werden sollte.

„Schau mal, das Gesicht von Pit zeigt deutlich, dass er jetzt mal nicht gestört werden will!", „Hallo, merkt denn keiner, dass Amat eine tolle Idee hat und noch Mitspieler sucht?"

Doch bevor diese Feinheiten im Spiel zu beobachten sind, kann und sollte in der Verhaltensentwicklung schon sehr viel passiert sein, was den jungen Menschen auf den Umgang mit anderen vorbereitet, ihm das Hineinwachsen in verschiedene Gruppen erleichtert und es ihm ermöglicht, sich dort dann auch jeweils wohl und zugehörig zu fühlen. Die dafür nötigen Voraussetzungen, um das lebenslang aktuell bleibende „Individuum-Gruppenmitglied-Spiel" zu starten, bringen Säuglinge tatsächlich bereits mit auf die Welt.

Der Säugling besitzt – wie wir gleich sehen werden – bereits differenzierte Einzelfähigkeiten, ist mit einem reichen Verhaltensrepertoire für sozialen Austausch ausgestattet sowie mit einer fast grenzenlosen Lernkapazität, vorausgesetzt, seine „Umwelt" bietet die für einen Erfahrungsgewinn nötigen Sinneseindrücke ausreichend und zum richtigen Zeitpunkt. Die „Umwelt" muss reagieren, und zwar *richtig*.

Der Säugling ist also keineswegs hilflos – wie lange geglaubt –, aber er ist ein absoluter Spezialist mit allen damit verbundenen Vor- und Nachteilen. Sein Spezialgebiet: Die Kontaktregulation mit den durch regelmäßige Erfahrungen als Bezugspersonen bekannten und auf ihn eingespielten Interaktionspartnern. Diese erst in den letzten Jahrzehnten erkannten Säuglingskompetenzen sind faszinierend. Die Begeisterung sollte jedoch nicht darüber hinwegtäuschen, dass es bei Entwicklungsbetrachtungen zwar angebracht ist, beide an der Interaktion beteiligten Parteien, Erwachsene und Kind, zu beachten, aber dennoch zur Kenntnis zu nehmen, dass die Beziehungsqualität, die sich einstellen wird, in überwiegendem Maße von den *erwachsenen* Bezugspersonen bestimmt wird. Diese Einsicht schmälert nicht die kindlichen Kompetenzen, sie soll nur verdeutlichen, dass Initiativen seitens des Kindes, wenn sie nicht wahrgenommen, begrüßt und entsprechend beantwortet werden, ins Leere laufen, was bei wiederholten Erfahrungen dieser Art die Motivation erlahmen lässt, erneut Initiativen zu starten. Diese Aussage gilt nicht nur für den Beziehungsaufbau von Säuglingen; sie trifft genauso für ältere Kinder zu, deren Initiativen zu spielen, zu lernen, kreativ zu sein oder Probleme zu lösen – um nur einige zu nennen, von denen wir noch hören werden –, im Keim erstickt werden können (siehe Kap. 4.2).

Untersuchungen in Kindergärten ließen rechnerisch nachweisen, dass Nachfragen zum Spiel oder zu einem Bastelangebot und spontane Mitteilungen über die Freude am Spielgeschehen immer seltener werden, wenn diese Fragen häufig nicht beantwortet werden und nur selten zum Ausdruck gebracht wird, dass sich jemand mit dem Kind über dessen Begeisterung oder ein lustiges Spielende freut.

Es ist uns wichtig, darauf hinzuweisen, dass in diesem Zusammenhang Mädchen noch mehr benachteiligt werden als Jungen, denn Äußerungen und Fragen von Mädchen werden von Erzieherinnen öfter überhört als die von Jungen. Interaktionen und Gespräche zwischen Erzieherinnen und den Mädchen werden häufiger abgebrochen und auch seltener wieder aufgenommen. Besonders nachdenkenswert ist das Ergebnis, dass Mädchen bezüglich positivem Verhalten oder auffallend guten Leistungen meist als Gruppe („Das haben die Mädchen aber schön gemacht!"), jedoch bei Ermahnungen oder Tadel einzeln und mit ihrem Namen angesprochen werden. Im Gegensatz dazu wird der einzelne Junge gelobt, Fehlverhalten bei Jungen jedoch eher anonym pauschal getadelt. Vielleicht ist dies eine Erklärung dafür, warum Frauen anerkennende Worte über ihr Tun mit dem entwertenden Satz „nicht der Rede wert" abtun.

Das erste Erfahrungsfeld eines Kindes beim Aufbau und Gestalten von Beziehungen ist die Familie. Das Kind benimmt sich von Anfang an als Gruppenmitglied, bevorzugt als Mitglied einer Zweiergruppe, mal im „Gespräch" mit Mama, mal mit Papa, der Schwester usw. Die Säuglingsforscher haben schier Unglaubliches über die frühen interaktiven Fähigkeiten von Säuglingen mit ihren Bezugspersonen entdeckt; Beobachtungen, die zweifelsfrei beweisen, dass Menschen von Anfang an soziale Wesen sind, von Anfang an daran interessiert, ihre momentanen sozialen Bedürfnisse passend befriedigt zu bekommen. Von Geburt an sammeln sie Erfahrungen, ob und wann es ihnen gelingt, erfolgreich zu interagieren. Von Anfang an sammeln sie so Punkte auf ihr Ich-Stärke-Konto, denn ein erfolgreicher Kommunikationsverlauf führt zu dem erhofften Ende: z. B. aufgenommen, geschaukelt, gestillt, gefüttert, weiter bespielt und angesprochen, nicht weiter geärgert oder einfach in Ruhe gelassen zu werden. Und dieser Erfolg zeigt einem Kind, eben nicht hilflos, ohnmächtig und allem ausgeliefert zu sein. So erfährt es sehr früh, dass man seine Umgebung beeinflussen kann, eine wertvolle Beruhigung, um Notfallsituationen besser durchstehen zu können.

Irgendwo ein neues Gruppenmitglied zu werden, bringt es meistens auch mit sich, sich an einer anderen Stelle trennen zu müssen. Trennungen sind Notfallsituationen, die bewältigt werden müssen. Der gekonnte Umgang mit zeitweiligen Trennungen scheint ein wesentlicher Schutzfaktor vor Abhängigkeiten zu sein, die Voraussetzung für den immer – lebenslang – anstehenden und wichtigen Aufbau von neuen Beziehungen und den Abbau „schädlicher" Beziehungen.

Ab wann ist man eigentlich trennungsfähig? Wann schafft es ein Individuum problemlos zwischen Gruppen zu wechseln, z. B. zwischen der Familie und dem Kindergarten? Den Umgang mit Trennungen muss man erlernen.

 In den ersten Lebensmonaten zeigt ein Kind deutliche Reaktionen auf Trennungen. Es protestiert und demonstriert mit eindeutigen Signalen seine Trennungsangst. Sein Verlassenheitsweinen und seine intensiven motorischen Bemühungen, wieder mit der vertrauten Person in Kontakt zu kommen, sind biologisch leicht nachvollziehbar, denn von der Mutter getrennt zu werden hätte zumindest in den Anfängen der Menschheitsgeschichte den sicheren Tod bedeutet. Nur unmissverständliche Anwesenheitssignale, Körperkontakt, Bewegtwerden, der Geruch, die Stimme der Mutter, am besten die Brustwarze im Mund, geben in den ersten Monaten die beruhigende Sicherheit, schlafen, aber auch sich umschauen und die Welt erkunden zu können. Beim Abgelegtwerden zum Schauen, Spielen und Einschlafen hilft es dem Kind, die Mutter zu sehen oder zu hören, um sich auch ohne direkten Körperkontakt nicht allein zu fühlen, bevor seine selbstregulatorischen Fähigkeiten zunehmen.

Wie wir ja schon gehört haben, besteht ein zeitweiliger Trennungswunsch nicht immer nur auf Seiten der Bezugsperson, sondern auch der bedeutend jüngere Interaktionspartner möchte sich hin und wieder von seiner Bindungsperson distanzieren: nach Phasen intensiven Blickkontakts folgen immer wieder Phasen deutlicher Blickabwendung durch das Baby. Bereits Säuglinge brauchen diese Momente des „Für-sich-Seins", der Abgrenzung, in denen sie sich von den Anstrengungen einer Interaktion, die ja auch sehr fordernd sein kann, erholen.

Ältere Kinder kokettieren gerne mit ihrer zunehmenden Autonomie. Sie spielen mit der Trennungsangst, indem sie gezielt Interaktionen herbeiführen, während derer sie zeitweilig eigenbestimmt verschwinden und wieder auftauchen. So-tun-als-ob, ein Begriff, über den wir in Kap. 4.2.2 noch viel Spannendes hören werden. Sich die Augen mit den Händen zuhalten, sich ein Tuch über den Kopf ziehen oder sich irgendwo im Haus oder Garten verstecken, schafft kurz eine ganz eigene Welt. Diese spielerische Trennung behält jedoch nur solange ihren Reiz, solange klar ist, dass die Mutter auch wieder da ist, wenn man die Augen öffnet, das Tuch abzieht; wenn man vermisst, gesucht und auch voll Freude wieder gefunden wird. Man muss die Kontrolle über die Situation behalten, Einflussmöglichkeiten verspüren und keine Ohnmacht empfinden, sonst nimmt die Angst überhand.

Verhaltensbeobachtungen auf Spielplätzen haben gezeigt, dass ein Kind, das sich freiwillig von seiner auf der Bank sitzenden Mutter löst und aus eigener Initiative zum Sandkasten geht, bedeutend länger alleine oder mit anderen Kindern spielen kann, als wenn die Mutter die Initiatorin der Trennung war und das Kind nach eigenem Gutdünken zum Spielen in den Sandkasten setzt. Eine selbstinitiierte Trennung findet genau in dem optimalen Moment statt, in dem das Kind gerade das geringste Bedürfnis nach Kontakt zur Bezugsperson hat, seine emotionalen Akkus voll aufgeladen sind und es ganz spielbereit ist. Dann kann es die Trennung am längsten aushalten und genussreich erleben.

Diese Momente des selbst gewählten Alleinseins dehnen sich im Laufe der Entwicklung zu immer längeren Phasen aus, in denen sich ein Kind mit sich selbst gewinn- und spaßbringend beschäftigt. Ein kurzer Zuruf, ein schneller Blick reichen, um sich weiterhin im entspannten Feld zu befinden, alles ausprobieren, spielen und Kontakt mit anderen Kindern aufnehmen zu können. Sich selbst beschäftigen zu können, verstärkt die Kompetenzgefühle eines Kindes: Es ist ja auch toll, selbst Ideen zu haben, sie durchführen zu können, nicht gestört zu werden und sich dabei auch wohl zu fühlen. Durch eine Unzahl gewinnbringend verarbeiteter kleiner Trennungserfahrungen erlebt man viele Male, dass es auch gut sein kann, mal allein zu sein, eine wesentliche Voraussetzung, um sich selbst kennen zu lernen und sich selbst zu mögen!

Eltern, die zu sehr klammern, ihre eigenen Trennungsängste spüren lassen, nicht signalisieren, dass die Beziehung durchaus auch Trennungen verkraftet, hinterlassen bei ihrem Kind das Gefühl, dass es generell etwas Bedrohliches ist, alleine zu sein, und verstärken dadurch die kindliche Trennungsangst.

Deshalb müssen Sie auch die Eltern Ihrer Neuankömmlinge im Kindergarten gut eingewöhnen, damit sie zu Ihnen Vertrauen aufbauen und ihr Kind beruhigt loslassen können. Auch für den erwachsenen Bezugspartner sind die ersten kleinen Trennungen von dem flügge gewordenen Nachwuchs nicht schmerzlos. Hierzu mehr in Kap. 4.3.2.

Dieses System von Autonomie und Nähe lässt sich jedoch nicht künstlich forcieren, wie Beobachtungen auf Spielplätzen und in Kinderkrippen zeigen. Zu frühe, zu wenig vorbereitete, vom Kind ungewollte, von Erwachsenenseite jedoch geforderte Trennungen führen nicht zu einer beschleunigten Autonomie, sondern nur zu einem – auch hormonell messbaren – Stressanstieg. Bestenfalls zeigen die Kinder keinen Protest mehr beim Abschied, was aber keineswegs bedeutet, dass sie innerlich nicht sehr erregt sein können (siehe Kap. 2.2.2). Wichtig bei einer Trennung ist nicht nur, wer geht, sondern auch, wer bei dem Kind bleibt. Gelingt es der Erzieherin in einer durch alte und neue Bezugspersonen gemeinsam abgesicherten Eingewöhnung, eine Bindung zum Kind aufzubauen, dann kann die vorübergehende Trennung von der Hauptbezugsperson akzeptiert werden, ohne Stress und ohne Trauer.

Eine positiv verlaufende Eingewöhnung ist besonders im so genannten „offenen Kindergarten" nicht immer leicht zu gewährleisten, kann aber auch dort vom Erzieherinnenteam gemeinsam bewältigt werden. So könnte man beispielsweise zu Anfang des Kindergartenjahres für eine längere Verweildauer im „eigenen" Gruppenraum mit der „eigenen" Gruppenleiterin plädieren. Oder man könnte sich die lohnende Mühe machen, morgens mit den ankommenden Kindern die jeweilige Gruppenleiterin zu suchen und sie zu begrüßen, bis die Kinder diesen beruhigenden Morgenstart auch allein „durchlaufen" können.

Um die Zeit des Getrenntseins besser verkraften zu können, und um das Band zur geliebten Person noch einmal zu bestärken, bevor es auf seine Reißfestigkeit getestet wird, haben sich Abschiedsrituale entwickelt. Bereits kleine Kinder lernen zu winken, wenn sie sich verabschieden, später wird das Abschiedsspektrum durch Zärtlichkeiten und verbindende Worte erweitert. Kinder, die in der Lage sind, Abschiedsgesten zu zeigen, akzeptieren die nun anstehende Veränderung, sie haben gelernt, mit kleinen Trennungen umzugehen, und sind nach dem Fortgang der Bezugsperson weniger angespannt und viel spielfreudiger. So vorbereitet sind Kinder in der Lage, sich zu trennen, über den Tag verteilt verschiedene Welten zu erleben und diese mitzugestalten. Jetzt zeigt es sich, dass sie neue Beziehungen eingehen können, nach der morgendlichen Trennung eigene Wege gehen, in der Kindergartenzeit etwas Eigenes ohne die Eltern erleben, was diese akzeptieren und bewundern sollen. Und schon wieder ist das Kind ein Stück souveräner geworden.

Wenn das Kind mit drei Jahren zu Ihnen kommt, hat es also bereits entscheidende und hoffentlich positive Erfahrungen mit seinen Hauptbezugspersonen gemacht. Sein Ich-Bewusstsein hat sich schon weitgehend stabilisiert, ein Bedürfnis nach Selbstbestimmung und Unabhängigkeit ist gewachsen, was sich besonders in der manchmal gefürchteten Trotzphase manifestiert. Diese bringt wichtige Entwicklungschancen, vorausgesetzt, die Erwachsenen gehen entsprechend gelassen, sorgsam und konsequent mit den Ausbrüchen um. Dieser Entwicklungsabschnitt, in dem das Kind – bisweilen recht heftig – seine Grenzen auslotet, verschafft ihm für das Zusammenleben mit anderen wichtigen Orientierungshilfen. Denn jetzt erfährt es, was machbar ist, wo mit Strafen gerechnet werden muss und dass man sich deshalb bremsen und zurücknehmen muss. Für uns Erwachsene bietet diese Phase die Gelegenheit, bereits gesetzte Grenzen nochmals zu überdenken und gegebenenfalls, die kindliche Weiterentwicklung berücksichtigend, zu erweitern.

Neu im Kindergarten kann ein Kind erste Bestätigungs- oder

aber Gegenpolerfahrungen zu seinen häuslichen Erlebnissen machen. Geht es um Möglichkeiten und Grenzen, so kann es feststellen, dass im Kindergarten vieles wie zuhause abläuft. Es kann aber genauso gut verwundert feststellen: „Ach, da gibt es ja noch eine andere Reaktionsmöglichkeit, so kann man das also auch machen!" Beim Eintritt in den Kindergarten öffnen sich für das eine Kind Türen ungeahnter Möglichkeiten, das andere fühlt sich fast wie zuhause, für ein weiteres Kind sind alle Interaktions- und Kommunikationsformen neu, während wieder ein anderes Kind zum ersten Mal diskussionslose Grenzen erlebt. Sicher eine anfänglich verwirrende Erfahrung, aber ungeheuer wichtig, nicht nur im Bereich der Suchtprävention, um die durchaus voneinander abweichenden Gesetzmäßigkeiten in Familien, Einrichtungen und sonstigen sozialen Anforderungsfeldern kennen zu lernen und jeweils zurecht zu kommen.

2.1.2 Jeder webt mit am sozialen Netz

Wir sind dauernd von Gruppierungen umgeben. Zu einigen davon gehören wir selbst, aber zu vielen anderen gehören wir nicht. „In-group" bzw. „out-group" nennt man diese Phänomene, dazuzugehören oder eben nicht dazuzugehören. Können Sie sich vorstellen, zu wie vielen Gruppierungen ein Kindergartenkind bereits gehören kann, und dass es deshalb dauernd Grenzlinien überschreiten muss? Wie oft es Gruppenmitglied werden und dennoch Individuum bleiben möchte? Jetzt müssen Sie sich nur noch vorstellen, dass jedes dieser Kinder über einen Faden mit all den anderen Kindern, die wie es ebenfalls zu vielen Gruppierungen gehören, verbunden ist. Dann haben Sie zumindest eine erste Vorstellung davon, was ein soziales Netz bedeutet.

Dann können Sie sich auch ein Bild davon machen, wie wichtig soziales Lernen ist, um nicht im sozialen Netz unbemerkt verloren zu gehen, sondern um sich darin zurechtfinden zu können und sich auch noch darin gehalten zu fühlen.

Wo kann ein Kindergartenkind dazugehören? Wir können nur einige Möglichkeiten nennen, um das Nachdenken anzuregen, aber ohne Anspruch auf Vollständigkeit:

- Pferdegruppe – Fischgruppe
- die Kleinen – die Schulmäuse
- Mädchen – Junge
- deutsches Kind – ausländisches Kind
- Ganztagskind – Halbtagskind
- Allergiker – Nicht-Allergiker
- Moslem – Christ
- mit Windel – ohne Windel
- mit Papa – ohne Papa
- wird abgeholt – darf allein nach Hause
- hat was zu sagen – hat nichts zu sagen
- genießt Ansehen – wird ignoriert
- bewegungsfreudig – bewegungsgehemmt
- langweilt sich oft – langweilt sich nie
- Einzelkind – Geschwisterkind
- Mama außer Haus tätig – Mama zuhause tätig
- spielt ein Instrument – spielt kein Instrument
- isst Fleisch – isst kein Fleisch.

Dazuzugehören hat viel damit zu tun, untereinander Beziehungen eingehen zu können, seine Bedürfnisse erfüllt und seine Ansprüche vertreten zu sehen. Wir sehen den Kindergarten als ein Beziehungssystem mit drei Eckpfeilern, den Kindern, den Erzieherinnen und den Eltern. Jeder innerhalb dieses Beziehungsdreiecks hat spezielle Wünsche und hofft, sie erfüllt zu bekommen. Zwei der drei Eckpfeiler können direkt nach ihren Ansprüchen gefragt werden (wie in einer süddeutschen Krabbelstube geschehen und in nachfolgenden Listen zusammengefasst); bei der Aufzählung der den Kindern in den Mund gelegten Ansprüche müssen wir uns auf unsere Beobachtungen und auf unser Gespür verlassen.

Welche Ansprüche haben Erzieherinnen in Bezug auf das Beziehungsdreieck?

▪ Sie wünschen sich informierte, interessierte Eltern, die Schnupperangebote annehmen, ihr Kind offen und ehrlich vorstellen, die generell an einem offenen Austausch mit den Erzieherinnen interessiert sind, Eltern, mit denen klärende Aufnahmegespräche möglich, denen im weiteren Verlauf stetiger Austausch, auch über kurze „Tür- und Angelgespräche", wichtig sind.

▪ Sie wünschen sich Eltern, die ihr Kind auch loslassen können, ihrem eigenen Kind und der Erzieherin vertrauen, und damit ihnen, den Erzieherinnen, die Chance geben, Bezugspersonen für das Kind zu werden.

▪ Sie wünschen sich gegenseitiges Vertrauen als Basis für die Zusammenarbeit mit den Eltern, in der sowohl elterliche Ängste als auch die Sorgen vom Erzieherinnen-Team ernst genommen werden, in der es auch gegenseitige positive Rückmeldungen gibt, die Leistung der Kindergartenarbeit anerkannt und darin nicht nur eine Vorbereitung für die Schule gesehen wird.

▪ Erzieherinnen wünschen sich Rahmenbedingungen, die eine gute pädagogische Arbeit ermöglichen. Dazu gehören:
  – Eine gute Zusammenarbeit mit den Kolleginnen, so dass ein echtes Team entstehen kann, das miteinander und voneinander lernt und gemeinsame Zielvorstellungen für die Arbeit entwickelt und verfolgt;
  – die Erarbeitung spezieller Konzeptionen für spezielle Altersgruppen;
  – genügend Personal und gute Räumlichkeiten, um eine optimale pädagogische Arbeit auch verwirklichen zu können;

- die Möglichkeit, sich vielerlei Informationen zu verschaffen und an Fortbildungen teilnehmen zu können;
- ein regelmäßiger Austausch mit der Fachberatung und dem Träger des Kindergartens sowie zwischen verschiedenen Einrichtungen;
- vor allem auch das Recht, auf der Basis ihres pädagogischen Konzeptes unrealistische und mit dem Kindeswohl nicht übereinstimmende Forderungen zurückweisen zu dürfen.

Welche Ansprüche haben die Eltern an die Einrichtung, in der sie ihr Kind abgeben?

- Sie wollen ihr Kind in guten Händen wissen, bei konstanten Bezugspersonen, von denen es ausreichend Pflege, Fürsorge und Sicherheit erhält.
- Sie wünschen sich für ihre Familie passende Öffnungszeiten und eine möglichst „unfallfreie" Zeit in der Einrichtung.
- Sie wünschen sich für ihr Kind, dass es angenommen und akzeptiert wird, dass es sich wohlfühlt, sich aber auch nicht zu stark an die Einrichtung bindet. Ihr Kind soll viel lernen, vor allem das, was es auf die Schule vorbereitet. Ihr Kind soll alles ganz schnell können, vielleicht sogar schneller als Kinder, die nicht in Fremdbetreuung sind.
- Sie wünschen sich die Erzieherin als Ansprechpartnerin und regelmäßige Gesprächspartnerin.
- Sie wünschen sich Hilfe bei Erziehungsproblemen, aber auch Diskretion bezüglich ihrer Familienverhältnisse, wollen also keine Angst haben müssen, dass kindliche Besonderheiten oder gar Auffälligkeiten öffentlich zur Diskussion stehen.
- Sie wünschen Transparenz der Erziehungsarbeit und regelmäßige Informationen über den Tagesverlauf und die Entwicklung ihrer Kinder in der Einrichtung.

- Sie hoffen, dass keine Konkurrenzgefühle zwischen den Erzieherinnen, aber auch zwischen den Erzieherinnen und Eltern entstehen.
- Sie wünschen sich Möglichkeiten für Elterntreffs, die von der Einrichtung begleitet und angeleitet werden, sowie gemeinsame Aktivitäten mit anderen Eltern.

Welche Ansprüche vermuten wir bei den Kindern? Was wollen sie?

- Die Kinder wünschen sich, freundlich empfangen zu werden, willkommen zu sein und wichtig genommen zu werden. Sie wünschen sich viel Rücksicht und Pflege.
- Sie müssen wissen, welche Erzieherin für sie zuständig ist und ihnen Orientierungshilfen bietet, wer für sie Zeit hat, sie wahr- und annimmt und Verständnis für sie hat, bei wem sie Halt, Geborgenheit und auch Körperkontakt finden, wenn ihnen danach ist.
- Sie brauchen jemanden, der zusammen mit ihnen klärt, wen und was sie in der Einrichtung schon kennen, beziehungsweise der ihnen beim Kennenlernen hilft.
- Sie wollen die Möglichkeit haben, ein Kuscheltier oder Vergleichbares von zuhause dabei haben zu dürfen, um sich leichter von daheim lösen und im Kindergarten eingewöhnen zu können.
- Sie wollen im geschützten Raum andere Kinder erleben dürfen, alles beobachten können und dürfen.
- Sie erwarten, auch mal ausgelassen, laut, weinerlich, zornig oder blöd sein zu dürfen.
- Sie wollen nicht allein gelassen werden, wollen Hilfe, wo es nötig ist, aber sie wollen nicht alles aus der Hand genommen bekommen, weil man ihnen noch nicht viel zutraut.
- Sie müssen Ruhe finden und auch einmal ungestört sein können.

Diese Gegenüberstellung der verschiedenen Ansprüche, mit denen Sie in Ihrem beruflichen Alltag konfrontiert sind, zeigt, dass sich eine Gruppe, die zusammengehört und zusammen agiert, viele Wünsche erfüllen kann, wenn sich die Ansprüche entsprechen, dass aber genauso von jedem Kompromissbereitschaft und das Zurückstellen eigener wie das Einstellen auf Ansprüche anderer verlangt wird. So wird ein Netz geschaffen, das so locker bleibt, dass sich niemand darin eingeengt fühlt, und dennoch so eng ist, dass niemand durchfällt.

Aus diesem Grund muss es eine Vielzahl von Strategien geben, die es einem Menschen – und uns interessiert besonders der ganz junge Mensch – erleichtern, Gruppenmitglied zu werden und in einer Gruppe mit vielen Einzelwesen zusammenleben zu können.

Alle den *Bindungsprozess* unterstützenden Faktoren sind biologische Strategien zum Einstieg in die Eltern-Kind-Beziehung, unsere erste soziale Gruppe, in der wir – wie wir in Kap. 2.1.1 gehört haben – unser soziales Basiswissen erwerben.

Empathie, die Fähigkeit, sich in andere hineinzudenken, erleichtert den Eintritt in jede Gruppe, auch in die Gruppe der Gleichaltrigen. Wer empathisch ist, handelt sozial kompetent und ist deshalb sozial attraktiv. Nur wer immer wieder erfahren hat, dass seine Gefühlsäußerungen wahrgenommen, ernst genommen und adäquat beantwortet wurden, kann sich in andere Menschen hineindenken und auf ihr Befinden abgestimmt reagieren. Werden Hilfe suchende Appelle, aber genauso Äußerungen von Freude und Begeisterung eines Kindes von seinen Bezugspersonen nicht bemerkt, nicht berücksichtigt oder gar bestraft, lernt das Kind, diese Gefühlsäußerungen zu unterdrücken und wird sie auch bei anderen Menschen nicht mehr bemerken und nicht mehr darauf reagieren. Seine emotionale Ausdrucksfähigkeit wird insgesamt eingeschränkt. Es bleibt nicht aus, dass es zu verhängnisvollen Missverständnissen im Signalaustausch kommt. Zum täglichen interaktiven Handwerkszeug und Zeichen hoher sozialer Kompetenz werden empathische und kameradschaftliche Aktionen und Reaktionen nur, wenn entsprechende Erfahrungen „am eigenen Leib" gemacht wurden und Bezugspersonen als „lebendige" Modelle zur Verfügung standen.

Ein Beispiel hoher Empathieleistung, das regelmäßig im Kindergarten zu beobachten ist, und mit einer unmittelbaren Belohnung einhergeht, ist eine besondere Strategie, in eine bereits bestehende und auf vollen Touren laufende Spielgruppe hineinzukommen. Im Nachhinein in eine bereits bestehende Spielgruppe aufgenommen zu werden, von einem „outsider" zu einem „insider" zu wechseln, d. h. nachträglich noch akzeptiert zu werden und mitspielen zu dürfen, gehört mit Sicherheit zu den schwierigen Interaktionsaufgaben. Denken Sie nur daran, mit wie viel Herzklopfen und Unbehagen Sie folgende unangenehme Situation einigermaßen souverän zu meistern versuchen: Sie kommen zu einer Party, zu der Sie allein eingeladen sind und bei der Sie nur den/die Gastgeber/in kennen, aus irgendwelchen Gründen zu spät und versuchen nun, mit den übrigen, bereits fröhlich plaudernden Gästen in Kontakt zu kommen …

Sozialkompetente Kinder erkennen, dass es für sie günstig ist, sich in die bereits agierende Gruppe hineinzuspielen. Durch Beobachtung des laufenden Spiels und eigene Einstimmung auf Spielinhalt und -tempo muss zum geeigneten Zeitpunkt der Sprung gewagt werden:

Sabrina, die mitspielen möchte, steht am Rand des Sandkastens und schaut aufmerksam dem Bauvorhaben dreier ganz begeistert spielender Kinder zu. Plötzlich schreit sie: „Achtung, die hintere Tunnelwand bricht zusammen!", springt in den Sandkasten, tätschelt und befeuchtet die „Problemstelle"

vorsichtig und atmet erleichtert auf: „Da haben wir noch mal Glück gehabt!" Und schon gehört sie zu den Mitspielern.
Oder, nach ähnlichem Muster: „Ich hab' gesehen, die roten Steine reichen nicht aus, ich habe einige grüne gesammelt, die passen genauso. Ich zeige es euch!"
Oder: „Wenn ihr auf Beutezug geht, braucht ihr aber dringend jemanden, der auf die Gefangenen aufpasst!" Zwar ist das noch keine Starrolle, aber man gehört immerhin zum Ensemble und wird weitersehen.

Hier geschieht Listiges. Ein drohendes Missgeschick bzw. ein Mangel wird vorgetäuscht oder gekonnt erkannt, der Retter und Helfer aber sofort mitgeliefert. Wahrscheinlich beruht der Erfolg darauf, dass diese Strategie ein intensives Hineindenken ins Spiel voraussetzt, welches das Kind vorab als geeigneten und daher gern gesehenen Mitspieler ausweist.

Social referencing, die Übernahme des Gruppenwissens und der geltenden Regeln, trägt auch dazu bei, immer mehr dazuzugehören. Erwachsene Bezugspersonen, aber auch bereits etwas erfahrenere Gruppenmitglieder sind bemüht, ihren Wissensvorsprung weiterzugeben. Das wissen Kinder jeden Alters und versuchen deshalb, z. B. Informationen zur Spielsituation über fragende Blicke einzuholen, ein Phänomen, das als „social referencing" bezeichnet wird. Angesichts der Konfrontation mit etwas Neuem, noch Unbekanntem im Spielablauf schaut das Kind die Mutter oder die Erzieherin an und versucht, aus deren Gesichtsausdruck Aufmunterung und Bestätigung oder – wenn nötig – Warnung abzulesen. Je nachdem traut es sich, die Sache weiter zu erkunden oder unterlässt es. Es geht davon aus, dass die Bezugsperson Bescheid weiß, was nun zu machen oder zu unterlassen ist, es „erwartet", dass der Gefühlszustand, den diese über ihr Gesicht ausdrückt, für sein eigenes Handeln relevant ist. Es handelt sich um eine höchst effiziente Möglichkeit, zur Situation aktuelle Informationen eines Erfahrenen einzuholen und die eigenen Empfindungen mit denen der anderen zu vergleichen. Nur ein Beispiel von vielen, das zeigt, wie wichtig und folgenschwer die Reaktionen der Großen sind, welche Verantwortung sie neuen Gruppenmitgliedern gegenüber haben. Sie sehen auch hier, wie wichtig das Beobachten der Kinder, die Aufmerksamkeit der Erzieherin im Gruppengeschehen ist. Nur da, wo Sie hinschauen, sich als Blickpartner anbieten, kann „social referencing" ablaufen.

Die *aggressive soziale Exploration* ist eine die Gruppe zwar beanspruchende, aber auch befriedende Strategie. Es geht darum, dass jedes Gruppenmitglied seine Position in der Gruppe findet, was zur gegenseitigen Orientierung dringend notwendig ist. Durch Provokationen versucht jedes Kind seinen alterstypischen Handlungsspielraum auszuloten. Es muss herausfinden, wie weit es mit seinem Verhalten gehen darf, was es sich ungebremst und ungestraft Erwachsenen, aber auch Gleichaltrigen gegenüber herausnehmen kann. Für dieses aggressive Ausprobieren der sozialen Möglichkeiten ist es typisch, dass all diese Provokationen nicht dadurch zu beschwichtigen sind, dass alle vorgetragenen Wünsche und Forderungen sofort erfüllt werden. Im Gegenteil! Sobald ein Ziel erreicht ist oder der Auseinandersetzung gar ausgewichen wird, versteht das Kind dies als Etappensieg oder Antwortverweigerung. In beiden Fällen wird es versuchen, seinen Handlungsspielraum noch mehr zu erweitern. Es wird also eine neue Möglichkeit zur Auseinandersetzung suchen, weitere Übergriffe wagen, um seinen Platz in der „Rangordnung" zu überprüfen, womöglich zu verbessern. Das Kind muss – auch gegen die ersten zaghaften Unmutsäußerungen seiner Umgebung – weiter provozieren, um auszukundschaften, wo seine Aktionsgrenzen und die Toleranzgrenzen des anderen liegen. Das ist eine wichtige Voraussetzung für den Umgang miteinander, das gehört zu den Spielregeln einer Gruppe. Nur das Setzen konsequenter, aber auch einsichtiger Grenzen lässt die aggressive soziale Exploration abebben. Nach einer Klärung der Verhältnisse kann längerfristig für beide Seiten befriedigende Ruhe herrschen, die durch eine temporär stabile Rangordnung gewährleistet wird – bis Neues zur Klärung ansteht.

Für ihre soziale Orientierung brauchen Kinder Grenzen, die montags identisch aussehen wie donnerstags, bei der Mutter genauso gelten wie beim Vater, im Glücksfall vielleicht sogar im Kindergarten und in der Schule identisch gehandhabt werden, um sich zurechtzufinden und sozial sicher zu werden. Durch garantierten Freiraum, stabile Grenzen und das gelebte Vorbild der Bezugspersonen wird man gemeinschaftsfähig.

Es erleichtert es jedem Menschen, ein Mitglied jedweder Gruppe zu werden und zu bleiben, wenn er über ein reichhaltiges Repertoire an *Konfliktlösungsstrategien* verfügt. Konflikte angehen und lösen zu können, macht lebenskompetent. Geschickte Konfliktlöser sind gefragte und beliebte Menschen; „Mediatoren" nennt man diese gesuchten Leute, wenn sie eine professionelle Ausbildung im Konfliktlösen haben. Doch Konflikte zu lösen muss man lernen; hier haben LehrmeisterInnen eine hohe Verantwortung.

„Kleinere Auseinandersetzungen, Streitereien, in die niemand eingreift oder denkt, eingreifen zu müssen, und bei denen auch von den Betroffenen keine Hilfe angefordert wird, klären sich von selbst, recht schnell und auch ohne bitteren Nachgeschmack. Es sind übrigens die meisten! ... Sind die in einen Streit verwickelten Kinder jedoch in ihren Vorerfahrungen zu unterschiedlich, so brauchen sie Hilfe. Die Frage „Braucht ihr zwei Hilfe oder kommt ihr allein zurecht?" ist die erste Stufe der Interventionsmöglichkeit. Diese Frage ist ein Signal, das auf die vorhandene soziale Kontrolle aufmerksam macht und an die Be-

deutung von Regeln erinnert. Oder, wenn eine Eskalation zu be-
fürchten ist, der Versuch, die ungefährliche Gesprächsebene an-
zusteuern: „Halt, Moritz! Was willst du dem Kai denn mit dei-
nen Fäusten und Füßen sagen? Das versteht er doch nicht. Sag es
ihm doch mit Worten! Ich bleibe bei euch!"
Hier wird die Wut des Kindes aufgegriffen, die Berechtigung für
sein Einschreiten anerkannt, nur die Wahl der Mittel wird in
Frage gestellt. Das Kind wird ermutigt, sein Anliegen mit sozial
verträglicheren Mitteln weiterzuverfolgen, und spürt die so wich-
tige Rückendeckung. Dadurch wird es kontrollierter, da seines Er-
folges sicher, agieren. Die Botschaft im Hintergrund lautet: Dein
Aufbegehren ist angebracht, wehre dich, doch Schlagen und Tre-
ten sind nicht die Lösung. (Haug-Schnabel 1999, S. 137f)

Konflikte lassen sich nicht vermeiden und sie müssen bewältigt
werden, ohne die Betroffenen zu stark in Frage zu stellen. Hierfür bedarf es verschiedenster Kompetenzen wie Standvermögen,
Überzeugungskraft, Frustrationstoleranz, Triebaufschub, Nach-
giebigkeit und Kompromissbereitschaft, da Lösungen von Fall
zu Fall anders aussehen müssen. Ein Kind hat einen Anspruch
darauf, von seinen Betreuern den Umgang mit Konflikten zu
lernen. Prägende Erfahrungen mit dem Ablauf von Auseinandersetzungen und dem Umgang mit Siegern und Verlierern
macht man in der eigenen Familie, im Kindergarten und später
dann in der Schule. Hier entsteht Schritt für Schritt das überraschend stabile individuelle Grundmuster, Konflikte anzugehen – je nach den gesammelten Erfahrungen über den Ausgang von Meinungsverschiedenheiten und den Vorbildern und
deren Kompetenz, mit Konflikten umzugehen. So erfährt man,
dass Konflikten aus dem Weg zu gehen nie eine längerfristige
Lösung ist, dass man andererseits nicht immer seinen Kopf
durchsetzen kann, auch wenn mitunter Hartnäckigkeit und
Überzeugungskraft angebracht sein können. Auch Nachgeben

kann von Fall zu Fall der richtige Weg sein oder das Zurückstellen der eigenen Wünsche oder die gemeinsame Suche nach einem Kompromiss. Man kann unterschiedlicher Meinung sein und diese auch scharf vertreten, aber ohne Respektlosigkeit, persönliche Beleidigung, verletzende oder erniedrigende Worte. Hier wird deutlich, welche Rolle den Konfliktlösungsstrategien im Kindergarten zukommt; dabei macht jedes Kind jeden Tag seine Erfahrungen. Deshalb ist es so wichtig, besonderes Augenmerk darauf zu richten, wie Konflikte in der Gruppe, vielleicht sogar im ganzen Kindergarten gelöst werden.

Rangordnungen geben Außenstehenden, aber auch Gruppenmitgliedern Auskunft über ihre jeweilige Position und Funktion. Rangordnungen bilden sich schnell, sobald mehrere Menschen einige Zeit zusammen verbringen, um nach kurzen Phasen der Auseinandersetzung längerfristig ein geregeltes Nebeneinander in der Gruppe zu erreichen. In fast jeder Kindergartengruppe entdeckt man nach kurzer Beobachtung – oft schon am zweiten Beobachtungstag, den man eigentlich nur noch zur Bestärkung der bereits am Vortag gefassten Meinung braucht – hierarchische Strukturen. Man entdeckt den Ideenträger, die graue Eminenz, den Chef, das Kind, dessen Meinung alle schätzen, das Kind, das in seinen Reaktionen gefürchtet ist, das Opfer, das Kind mit dem Etikett „Schläger" und natürlich die Statisten, letztere keineswegs unwichtig, aber nur zu mehreren meinungsbildend.

Wie eine Rangordnung unter Kleinkindern entsteht, oder ganz konkret, welche Kriterien ein Kind zum Boss, zum sozialen „Mittelbau" gehörig oder zum Außenseiter und Prügelknaben werden lassen, hierauf fehlen uns noch viele Antworten. Ideenreich müssen ein Boss oder eine Chefin sein, hilfsbereit, aufmerksam und ansprechbar, nicht zu wenig und nicht zu sehr aggressiv, und vor allem müssen diese auf sich aufmerksam machen können und Durchsetzungsvermögen haben, das wissen wir. Ebenso ist bekannt, dass Opfer wehleidig sind, schnell weinen, ohne Fantasie und Witz reagieren, schnell frustriert, wenig flexibel, eigentlich nie integriert und oft Außenseiter ohne einen Freund sind. Genau wissen wir auch, dass das Blickverhalten, das Sich-gegenseitig-Anschauen Aufschluss über Rangunterschiede gibt.

Der Ausdruck, jemand verfüge über Ansehen, trifft den Nagel auf den Kopf, da er anzeigt, dass die anderen ihn anschauen, um sich an seinem Tun zu orientieren. Kinder, die öfters im Zentrum der Aufmerksamkeit stehen, d. h. wiederholt von mindestens drei anderen angesehen werden, bewegen sich ungezwungener im Raum, spielen mit vielen anderen Kindern, initiieren und organisieren oftmals die Spielaktivitäten und werden bei ihrem Tun von den anderen nachgeahmt.

Hier scheint es sich um eine gegenseitige Regulation zu handeln: Menschen, die viel initiieren, an vielen Aktivitäten beteiligt sind und Vorbildfunktion übernehmen, genießen „viel Ansehen". Weil sie „viel Ansehen" genießen, bekommen sie viel Aufmerksamkeit und Zuwendung, sind sicherer und dadurch auch aktiver und mutiger. Mehr Ideen, mehr Spiel, mehr Interaktionspartner, mehr Einfluss, mehr Ansehen, so heißt das Erfolgsrezept, das viele Kinder anwenden können, wenn man ihnen „richtige" Angebote macht (siehe Kap. 3.2).

Wenn sich im Laufe der Zeit die Rangordnung in der Gruppe verändert, ändert sich sofort parallel die Aufmerksamkeitsstruktur in der Gruppe. Jemand anderes steht jetzt im Zentrum des Interesses. Wer an führenden Positionen interessiert ist, wird sich bemühen, die Aufmerksamkeit auf sich zu ziehen. Wer nicht nach Führungsposten strebt, wird Situationen im Zentrum des allgemeinen Interesses und erhöhter Aufmerksamkeit meiden. Mit genügend Ich-Stärke kann jeder seinen passenden Platz finden, der seine Stärken hervortreten und seine Schwächen unbedeutender werden lässt.

Zum Weiterlesen:

Largo, R. H. (1996): Babyjahre. Die frühkindliche Entwicklung aus biologischer Sicht. Das andere Erziehungsbuch. Piper, München.

Haug-Schnabel, G. (1999): Aggressionen im Kindergarten. Praxisbuch Kita. Herder, Freiburg.

2.2 Hilfe gegen Sprachlosigkeit und Funkstille

Wenn einem die Worte fehlen, ist das für ein soziales Wesen ein Problem, kann es sich doch nicht mehr verständigen, nicht mehr mit anderen kommunizieren.

Es gibt viele Gründe für Sprachlosigkeit, für Kinder treffen die folgenden zu:

Sprachlos kann ein Kind sein,

- weil ihm die richtigen Worte noch nicht geläufig sind, sein Wortschatz noch zu gering ist;
- weil ein Kind noch nicht weiß, wie und womit es ausdrücken kann, was in ihm vorgeht; Gefühle zu verbalisieren hat es noch nicht gelernt;
- weil gerade etwas passiert ist, was seine Gedanken so durcheinander wirbelt, dass es ihm die Sprache verschlägt. Das kann natürlich mal eine übergroße Freude sein oder eine tolle Überraschung, aber natürlich auch heftige Angst oder ein gehöriger Schreck;
- weil es die Reaktionen auf seine Äußerungen scheut, aus Angst verlacht, verspottet, gerügt, gestraft oder ignoriert zu werden;
- weil ein Kind davon ausgeht, dass es nichts zu sagen hat, weil immer nur die anderen wissen, was mit ihm los ist. Es ist gewissermaßen ein Kind ohne Mund (siehe Kap. 4.3.2).

Jedes dieser Beispielkinder braucht Hilfe, damit der Kontakt zu ihm nicht abreißt, damit es mit anderen im Gespräch bleiben kann.

2.2.1 Immer im Kontakt bleiben

Carlotta hat schon einige Male zusammen mit Mama den Kindergarten besucht, hat Petra und Marion, ihre Erzieherinnen, kennen gelernt und hat auch schon mit einigen Kindern gespielt; sogar ganz allein auf den Schmusekissen mit einem Jungen ein Bilderbuch angesehen. Nun will Mama eine Stunde weggehen, kurz etwas einkaufen, und dann wiederkommen, um Carlotta abzuholen.

Erzieherin: „Wenn deine Mama dich dann abholt und ihr zwei heimgeht, findest du hier deine Straßenschuhe wieder, und an diesem Haken mit dem roten Auto hängt dein Kindergartentäschchen. Das musst du mit nach Hause nehmen, denn da kommt morgen wieder dein Vesper rein."
Carlotta: „Und wo ist dann die Carlotta, wenn die Mama sie abholt, finden wir die Carlotta dann? Du tust mir dann in allen Zimmern suchen helfen, ja?" Carlotta lächelt sichtlich beruhigt, als die Erzieherin nickt.

Um Kinder wie Carlotta braucht man sich in derartigen Situationen keine Sorgen zu machen, denn sie zeigen durch ihr Verhalten, dass sie offensichtlich in der Lage sind, Probleme, die sie betreffen, zu erkennen und konstruktiv anzugehen; notfalls auf neuen Wegen, falls die alten, bekannten, hier nicht greifen.

Carlotta hat verstanden, dass sie zuerst alleine bleibt, dann aber auf alle Fälle sicherstellen muss, dass sie sofort zur Stelle ist, wenn Mama zum Abholen kommt. Da sie sich unsicher ist, das alles allein zu schaffen, sucht sie nach einer Lösung: Sie sichert sich Unterstützung zu. Sie fragt ihre neue Vertrauensperson, ihre Erzieherin, die sich ja offensichtlich gut im Kindergarten auskennt, ob sie ihr helfen wird.

Dieses Beispiel erklärt das Verhalten eines „Unverwüstlichen" (eines Resilienten), eines Menschen, der dank seiner Veranlagung, aber vor allem dank seiner Sozialkompetenz, eigener Ideen und Energie in der Lage ist, Krisensituationen zu bewältigen. Hierzu gehört die Strategie, in schwierigen Situationen mit anderen im Kontakt und im Gespräch zu bleiben und so die Möglichkeit zu haben, seine Notlage zu benennen und Helfer, die über größere Erfahrung, mehr Kapazitäten, mehr Möglichkeiten oder Kraft verfügen, anzusprechen. Das ist ein eindeutiger Schutzfaktor, der ich-stark macht.

Lange hat die Wissenschaft sich darauf beschränkt, für bereits entstandene Probleme Lösungen zu finden, und dabei versäumt, darüber nachzudenken, wie Probleme sich bereits im Vorfeld vermeiden lassen. So hat lange Zeit niemand analysiert, welche Art von Persönlichkeiten es sind, deren Verhalten uns auch nach schweren Belastungen dennoch gesund erscheint, eben so stark und fähig, dass sie auch Lebenshürden ohne Schaden nehmen konnten. Besonders bei der Untersuchung kindlicher Entwicklung hat sich die Forschung im Wesentlichen darauf konzentriert, Risiken zu finden, durch die eine gesunde Entwicklung gefährdet wird – verständlicherweise, um diese verschwinden zu lassen oder zumindest zu verringern. Erst als überall auf der Welt mehrfach festgestellt wurde, dass es in diesen Risikopopulationen immer wieder größere Gruppen von Menschen gibt, die belastende Einflüsse offenbar unbeschadet überstehen, hat man sich den Verhaltensbesonderheiten dieser „Unverwüstlichen" bewusst zugewandt. Was könnte diese Menschen weniger verwundbar machen? Die Suche nach „protektiven Faktoren" begann.

Diese sind vielfältig und werden ihrerseits durch vielfältige interne und externe Variablen beeinflusst und verändert, doch kann allgemein gesagt werden, dass alles, was den Aufbau von Lebenskompetenz ermöglicht, als Schutzfaktor bezeichnet wird. Eine sichere Bindung, Beziehungsfähigkeit und Sozialkompetenz, Startvoraussetzungen für Ich-Stärke (Kap. 2.1), Kommunikationsfähigkeit, Eigeninitiative (Kap. 4.2), Ideen, Fantasie (Kap. 3.2), Glaube an sich selbst, Selbstakzeptanz (Kap. 3.1), all das sind Schutzfaktoren, die man bei den „Unverwüstlichen" findet.

- „Unverwüstliche" bringen es z. B. regelmäßig fertig, zur Routine gewordene Lösungswege, an die sie sich gut angepasst haben und auf denen sie sich deshalb auch sicher fühlen, zu verlassen, weil sie durchschauen, dass in der gerade aktuellen Notlage dieser jetzt nicht der richtige, der erfolgversprechende Weg wäre. Sie denken nach, wägen ab und riskieren es, eine andere Strategie zu wählen. „Sie springen!", wie man sagt. Sie sind flexibel, haben vieles erprobt, halten viel von sich, verfügen also über heuristische Kompetenz (siehe hierzu Kap. 4.1.2).

- Außerdem sind sie in der glücklichen Lage, ihr inneres Gleichgewicht regulieren zu können, um starken Spannungen und negativen Emotionen zu entgehen, die zu Unbehagen und Denkstörungen führen könnten.

Wie machen „Unverwüstliche" das? Sie verfügen über ein ganzes Spektrum an Möglichkeiten:

- Sie sind authentisch, sie können weinen, schreien, toben, ihre Not, Kummer, aber auch Freude und Begeisterung zeigen, auf sich aufmerksam machen, um sich so effizient mit dem zu versorgen, was sie brauchen – und schon haben sie wieder alles im Griff.

- Sie wissen, was ihnen gut tut und halten dieses Angebot regelmäßig für sich bereit. Bewegung, Sport, Herausforderungen, etwas ausprobieren, Abenteuer könnten z. B. Aktivitäten sein, die glücklich und zufrieden machen.

■ „Unverwüstliche" wissen aber auch, in wessen Gegenwart sie sich entspannen oder angenehm anregen lassen können. Sie sind oft wohl angesehen und sind als Freund oder Freundin begehrt, da sie höchst gruppenfähig sind.

■ Ganz wichtig: Sie haben eine hohe Motivation und Fähigkeit zur Eigenbegeisterung, dies verbunden mit einer hohen Frustrationstoleranz, was besonders gut hilft, mit Misserfolgen nicht nur leben zu können, sondern sogar gewinnbringend umzugehen.

■ Und sie verfügen über selbstregulatorische Fähigkeiten, die es ihnen erlauben, sich am eigenen Schopfe aus dem Verwirrungs- oder Verzweiflungssumpf zu ziehen. Auf diesen Punkt kommen wir in Kap. 2.2.2 gleich näher zu sprechen, da dies Fähigkeiten sind, deren Entwicklung Sie im Kindergarten vielfältig fördern können.

Erwachsene Menschen, aber auch schon Kinder, die den Kontakt mit anderen suchen und brauchen, seine Vorteile kennen gelernt haben, eignen sich Fähigkeiten an oder perfektionieren sie, die ihnen das Zusammenleben mit anderen und vor allem die Problembewältigung mit Hilfe anderer noch weiter erleichtern.

Überall lässt sich beobachten, dass Menschen, die irgendetwas miteinander zu tun haben, versuchen, Verhaltensunterschiede auszugleichen, ihr Verhalten aneinander anzugleichen. Warum machen sie das?

■ Um von den anderen Gruppenmitgliedern wahr- und ernstgenommen zu werden („Alle herhören, einer von uns spricht!");

■ um die Wahrscheinlichkeit zu erhöhen, einen Ansprechpartner, Spielpartner, Mitkonstrukteur oder Mitkämpfer mit vergleichbarer Motivation zu gewinnen („Wir passen zusammen!");

- um die Stör- und somit Konfliktwahrscheinlichkeit zu vermindern (alle eher ruhig beschäftigt oder dabei zu toben und zu rennen, also keiner im Moment nachdenklich und konzentriert);
- um dazuzugehören, eine Gruppe zu bilden, alle Rechte eines Gruppenmitglieds zu genießen, sich nicht isoliert zu fühlen und nicht aufzufallen („Aha, einer von uns!");
- und um eine gute Atmosphäre um sich herum aufzubauen, damit ihr jeweiliges Anliegen die Gruppenmitglieder auch erreicht (sich in einer Aufwärmphase aufeinander einschwingen).

In Gesprächen, die uns wichtig sind, ahmen wir unbewusst die Körperhaltung und Gestik unserer Gesprächspartner nach (Haltungsecho). Wunderbar ist dies zu beobachten, wenn ein Kind ein anderes davon überzeugen will, doch mitzuspielen oder für seinen Plan zu stimmen. Unbewusst wird hier signalisiert, dass der andere uns so wichtig ist, dass wir ihn imitieren.

Es gibt noch viele Beispiele für Synchronisationsversuche. Die meisten Einladungen beginnen wir mit einem Drink oder einem gemeinsamen Essen, da wir die Erfahrung gemacht haben, dass nach einem solchen Start der Abend mit großer Sicherheit gelingt. Ein angenehmes Essen schafft bei allen einen mittleren Erregungspegel, anregend, aber gleichzeitig entspannt. Selbst vor Arbeitsgesprächen hat sich weltweit eingebürgert, zumindest etwas zum Trinken anzubieten, um übermäßige Erregung abzubauen und alle auf ein etwa gleiches Erregungsniveau zu bringen. Gemeinsames Essen ist gleichzeitig eine Zeremonie der Verbundenheit. Vielleicht messen Sie nun dem Vesper im Kindergarten eine größere Bedeutung zu? Man könnte auch da, wo ein freies Vesper üblich ist, die Essecke besonders liebevoll und attraktiv gestalten, um zum Dazusitzen und Plaudern einzuladen, oder auch immer mal wieder ein gemeinsames Frühstück, ein Buffet oder Ähnliches anbieten.

Zwischen Freunden zeigen sich die überraschendsten Synchronisationsversuche. Enge Freunde oder Freundinnen gewöhnen sich häufig eine ähnliche Sprechweise (wenn nicht sogar eine Geheimsprache) an, bekommen einen ähnlichen Gang, gleichen ihr Lachen und ihre Essgewohnheiten (nicht immer zur Freude der Eltern) an. Häufig beobachteten wir bereits, dass zwei Kinder, die beide erst kurz im Kindergarten sind und sich befreundet haben, den Spielmorgen mit einem Synchronisationsritual beginnen. Sie spielen dann kurz dasselbe nebeneinander, bevor sie zu einem gemeinsamen Spiel überwechseln. Hier zu stören, wäre höchst fehl am Platz.

Verbale Kommunikation ist ein erfolgreicher Mechanismus der Synchronisation und hat eine starke soziale Kopplungskraft. Gemeint sind *Absprachen* jeder Art. Es lohnt sich für jedes Kind, früh zu lernen, dass Absprachen verbindlich sind. Schon Kindergartenkinder bewerten anhand eingehaltener oder eben nicht eingehaltener Absprachen die Verlässlichkeit eines Kindes. Mit zunehmender Unzuverlässigkeit sinkt die Attraktivität eines Kindes als Spielpartner, ebenso die Wahrscheinlichkeit, in der Rangordnung aufzusteigen, also das Sagen zu haben.

Übrigens hat auch das *Spotten*, eine sehr differenziert zu beurteilende und zu behandelnde Verhaltensweise, synchronisierende und dadurch gruppenbindende Wirkung; ein Effekt, den man sicher zunächst nicht hinter diesem durchweg negativ beurteilten Verhalten vermutet. Durch Spott wird man von den übrigen Gruppenmitgliedern darauf aufmerksam gemacht, dass man aus der Reihe tanzt, nicht dazupasst, sich asynchron verhält, gibt oder aussieht, bespielsweise zu schnell, zu langsam, zu laut, zu leise, zu hilflos, zu überheblich agiert. Spötteleien deuten an, was, falls sich nichts an der Situation ändern sollte, zur Ausgrenzung führen könnte und deshalb auch von der Umgebung weiterhin genau beobachtet werden wird. Eine Verhaltensänderung würde allerdings sofort wieder zur Einpassung und zum kritiklosen Dazugehören führen. Man lässt einem Abtrünnigen ein Hintertürchen offen, bei Anpassung wieder in den Schoß der Gruppe aufgenommen zu werden. Uns ist es wichtig, darauf hinzuweisen, dass es sich hier um einen Prozess handelt, den Erzieherinnen genau beobachten und mit allen Einzelheiten im Auge behalten sollten. In den allermeisten Fällen findet das verspottete Kind mit der Restgruppe wieder zusammen, doch immer wieder kommt es vor, dass eine Situation eskaliert und ein Kind gequält und gemobbt wird. Dann müssen Sie als Erzieherin natürlich sofort einschreiten. Denn hier will die Gruppe niemanden zurückholen, sondern einen Außenseiter schaffen, den sie loswerden will.

Zum Abschluss dieser Aufzählung an Verhaltenssynchronisationen noch eine synchronisierende Kraft, die allein auf der Nachahmung des Verhaltens anderer beruht: *Stimmungsangleichung* oder *Stimmungsübertragung* nennt man dieses Phänomen, mit dem Sie mit Sicherheit jeden Tag im Kindergarten konfrontiert werden. Gemeint sind das ansteckende Lachen, das um sich greifende Blödeln, die vor Anstrengung knisternde Arbeitsstimmung und die leider auch mal von Kind zu Kind überspringende Bedrücktheit, wenn etwas Unerfreuliches vorgefallen ist. Nah verwandt ist das *Mach-mit-Verhalten*, wie man ein ganzes Paket von Verhaltensweisen nennt, das man teils unbewusst, teils bewusst einsetzt, wenn man jemand anderen zum Mitmachen motivieren möchte. Hierzu gehören das angeborene Spielgesicht, eine zum Spielen auffordernde Motorik – Sie kennen sie: auf der Stelle wie ein Gummiball hüpfen – und später dann auch gelernte verbale Anfeuerungen.

Wer all diese Elemente des Gruppenlebens nie zeigt, wird immer Schwierigkeiten haben, mit anderen Gruppenmitgliedern im Kontakt und im Gespräch zu bleiben. Auch wenn die kindlichen Verhaltenssynchronisationen mitunter Aktivitäten verstärken, die Sie gerade nicht vorgesehen hatten, werfen Sie –

wenn möglich – Ihr Programm um und genießen mit den Kindern die für die Ich-Stärke jedes einzelnen so wichtigen positiven Gruppenerfahrungen.

2.2.2 Signale senden und verstehen lernen

Unsere Kommunikation arbeitet mit Signalen, die Sozialkontakte erleichtern und den reibungslosen Ablauf wechselseitiger Interaktionen garantieren sollen. Jede Kommunikation bedarf eines Senders und eines Empfängers. Der Sender und der Empfänger müssen fähig und bereit sein, Signale abzugeben und aufzunehmen. Ein Rollenwechsel zwischen Sender und Empfänger ist die Voraussetzung für eine wechselseitige Interaktion; auf eine Botschaft muss ein passendes Antwortsignal folgen, das wiederum eine neue Botschaft darstellen kann, auf die eine neue Antwort erwartet wird. Sender und Empfänger sollten also gut aufeinander eingestellt sein, wenn sie optimal miteinander arbeiten wollen.

Aber was heißt das?

Der wichtigste Punkt ist sicher, dass die passenden Signale zur passenden Zeit abgegeben und richtig verstanden werden. Was möchte der Sender sagen, was möchte er bewirken, was beabsichtigt er mit seiner Signalgebung, bewusst oder unbewusst? Was kommt beim Empfänger an? Versteht er den Inhalt? Interpretiert er die Botschaft richtig, reagiert adäquat?

Die Interaktionsforschung hat uns gezeigt, dass viele Signale verschlüsselt sind. Man muss also den Code kennen, um zu verstehen, welche Botschaft wirklich übermittelt werden soll. Manchmal reicht es, nur zuzuhören, doch oft ist Spürsinn gefragt. Manches sind Störsignale, die nur ein empathischer Empfänger entgegennehmen und entschlüsseln kann. Zwischen Sendern und Empfängern mit regelmäßigem Austausch kann sich auch im Laufe der Zeit eine Art Geheimsprache einbürgern, in der Botschaften hin-

und hergeschickt werden. Die Teilnehmer dieses Austauschs wissen dann zwar noch, dass auf Nachricht 17 traditionsgemäß immer Reaktion 23 folgen wird – so hat sich das eingespielt –, aber genau genommen ist weder dem Sender noch dem Empfänger klar, welche Botschaft Nachricht 17 ursprünglich einmal gewesen ist und ob mit Reaktion 23 das Signal eigentlich wirklich beantwortet, die Situation danach also besser wird. Vielleicht hat man sich nur angewöhnt, grundsätzlich an dieser Stelle die Kommunikation zu unterbrechen, egal wie weit der Informationsaustausch tatsächlich vorangekommen, die echte Botschaft angekommen ist. Auch dieses Kommunikationsmuster ist eine Interaktion, aber von einem gelungenen Signalaustausch, mit einem – womöglich beidseitig – befriedigenden Ende kann nicht die Rede sein.

Einige Beispiele sollen Ihnen diesen komplizierten Zusammenhang deutlich machen, damit Sie die Szenarien, in denen etwas geändert werden muss, erkennen können. Es gibt wohl kaum etwas, was einen jungen Menschen hilfloser macht, als die niederschmetternde Erfahrung, auf seine Probleme nicht aufmerksam machen zu können, nicht verstanden zu werden und selbst eben nicht die Kraft und Kompetenz zu haben, deren Lösung voranzutreiben.

- *Ein Kind, das immer schnell weint,* will eigentlich nicht immer getröstet werden und sein Problem von irgendjemandem aus der Welt geschafft bekommen. Es kennt nur keinen anderen Weg, seine Frustration und Unzufriedenheit kundzutun, um selbst etwas gegen die Vorgänge, die es ärgern oder belasten, zu unternehmen. Es braucht weniger Trost, sondern vor allem Unterstützung bei der Konfliktbewältigung.

- *Ein Kind, das sofort aufgibt,* wenn sich eine kleine Hürde abzeichnet, oder womöglich ohne einen einzigen Versuch zu unternehmen, mitteilt, dass es das, was nun ansteht, nicht kann, hat wahrscheinlich viel zu viele Gelegenheiten erlebt, bei denen ihm etwas abgenommen wurde. Leider hat man ihm dabei auch das Selbstbewusstsein genommen, das aus der Erfahrung entsteht, Schwierigkeiten selbst bewältigt zu haben. Vielleicht hat es auch zu oft „zwischen den Zeilen" herausgehört, dass man ihm eine Aufgabe abnimmt, weil man ihm ganz einfach nicht zutraut, sie selbst zu bewältigen. Wir werden gleich Ihre Aufmerksamkeit nochmals auf Informationen zwischen den Zeilen lenken.

- *Ein Kind, dem immer langweilig ist* (siehe Kap. 4.4.1), hat nicht zu viel Freizeit und zu wenig Spielsachen. Das richtige Signal müsste heißen: „Hilf mir, meine Fantasieschätze (wieder) zu finden, schütte mir die bereits verwischten Spuren nicht noch mit neuen Angeboten zu." Gewöhnt an kurzlebige Unterhaltung von außen und abgelenkt durch Empfindungen wie Unsicherheit, Müdigkeit und Frust, kann das Kind in kein Spiel einsteigen, seine Spielreize sind zu schwach und zu verbraucht, als dass sie seine Spiellust und Fantasie wecken könnten.

- *Ein Kind, das immer essen kann,* hat eine lange Lerngeschichte hinter sich. Wie wurde und wird auf seine Gefühlsäußerungen reagiert? War bereits in der Säuglingszeit – mit differenzierten Formen der Zuwendung – die Reaktion auf sein Schreien generell Stillen oder Füttern, also immer ein Nahrungsangebot, statt auch einmal Beruhigung, Anregung, Spiel oder Herumtragen? Dann lernt das Kind, generell alle negativ besetzten Gefühlszustände mit Nahrungsaufnahme zu beantworten. Die Folgen dieses „Abspeisens" werden mit der sich entwickelnden Gewohnheit „bei Stress essen" in Verbindung gebracht. Bei der „Esssucht" werden durch Nahrungsaufnahme und ihre sich beruhigend auswirkenden physiologischen Folgen kurzfristig negative Gefühle wie Einsamkeit, Frustration und Langeweile quasi „weggezaubert".
„Hast du denn jetzt wirklich schon wieder Hunger oder willst du nicht vielleicht mal eine Runde laufen und schauen, wer gerade was Spannendes spielt, wo du mitmachen könntest?"

Das ist die Frage, die zwar zuerst verwirrt, dann aber das Kind vielleicht die zweite Lösung wählen lässt und das immer öfter.

- *Ein Kind, dem immer schlecht ist*, das immer Kopfweh, Bauchweh usw. hat, besonders, wenn die anderen begeistert spielen, scheint ein Signal auszusenden und anzubieten, das erst entwirrt werden muss, um richtig verstanden werden zu können. Hier darauf zu hoffen, dass das Kind angesichts attraktiver Spielverläufe eigene Initiative und Fantasie entwickelt, würde bedeuten, an den zweiten vor dem ersten Schritt zu denken. Dieses Kind braucht Aufmerksamkeit und Zuwendung, beides scheint es aber nur über den Weg des sekundären Krankheitsgewinns kennen gelernt zu haben. „Nur wenn ich leide, es mir schlecht geht, sorgt man sich um mich. Sonst bemerkt mich ja niemand." Ein erfolgreicher Ansatz, diesen bereits stabilisierten Abhängigkeitskreislauf aufzubrechen, ist, jede Gelegenheit aufzugreifen, wenn es dem Kind gut geht, es spielt oder sonst integriert aktiv ist, um ihm Aufmerksamkeit, Zuwendung, Mitspielangebote oder beliebte Aufgaben zukommen zu lassen. „Halt, in diesem Moment dreht sich ja gerade alles um mich – und mir geht es gut!" Viele solcher Erfahrungen lassen das alte Erlebnisbild immer schwächer und wirkungsloser werden (siehe hierzu auch Kap. 4.3.2).

Eigentlich geht es für Erwachsene im Kindergarten immer um die Frage: „Wann kommt unser Einsatz? Was sind Startsignale für uns, zu agieren, zu reagieren und zu intervenieren?"

Oft sind wir zu voreilig, können nicht warten, bis ein Kind für sein Problem seine Lösung gefunden hat.

„Das, was im Kindergarten passiert, ist häufig geprägt von den Produkten und Angeboten der Erwachsenenwelt; oft nehmen wir Erwachsene dadurch den Kindern die Möglichkeit, Erfahrungen – auch schlechte – selbst zu machen.

Ein Beispiel: Eine Gruppe von Kindern spielt, und ein schüchternes, zurückhaltendes Kind ist außerhalb der Gruppe, offensichtlich ist es mit der Situation unzufrieden, möchte mitspielen, zumindest sehen oder interpretieren wir Erwachsene das so. Wie schnell sind wir zur Stelle, nehmen das Kind an der Hand: ‚Nun spiel mal schön mit den anderen!' Vielleicht hätte das Kind ja irgendwann selbst versucht, mit den anderen zu spielen, wenn wir ihm nur seine Zeit gelassen hätten, sein Problem selber zu erkennen, sich zu überwinden und auf die anderen zuzugehen. Durch unser vorzeitiges Eingreifen haben wir aber unter Umständen diese Eigeninitiative verhindert." (Strick 1997, S. 73)

Oft lassen wir uns von „Äußerlichkeiten" täuschen und erkennen das wirkliche Signal nicht.

Untersuchungen in Kinderkrippen hatten gezeigt, dass Kinder, die längere Zeit brauchen, um sich von den Eltern beim Abschied zu lösen, anschließend deutlich weniger spielen. Heftig geäußerter Trennungsschmerz beeindruckt Erzieherinnen offensichtlich und führt dazu, den Kindern mehr Zuwendung zuzugestehen. Andere Kinder zeigen keinen eindeutigen Trennungswiderstand, aber bei genauem Hinsehen stellt man fest, dass diese Kinder sich vor allem in der Abschiedsphase sehr häufig selbst berühren, an ihren Haaren zupfen, Daumen lutschen, Lippen lecken und weitere Automanipulationen zeigen. Sie können ihre innere Erregung nach außen nicht so deutlich machen, wie die heftig protestierenden Kinder, leiden aber unter der Trennung mindestens genauso, was die Beobachtung ihres unruhigen Verhaltens nach Weggang der Eltern deutlich zeigt.

Auch physiologische Messungen des Anstiegs an Stresshormonen beweisen, dass die äußerlich sichtbaren Reaktionen auf die Trennungssituation kein identisches Bild der unterschiedlich starken Stressbelastung des Kindes wiedergeben. Sich ohne Protest zu verabschieden, kein „Theater" zu machen, ist kein Beleg dafür, dass dieses Kind die Trennung besser verkraftet und auch kein Grund, ihm eine weniger intensive Zuwendung zukommen zu lassen.

Die „lauten" Verhaltensreaktionen sind nicht alleine aussagekräftig und können somit auch nicht ausschließlich handlungsweisend sein. Der Erregungszustand des Kindes mit auffälligem Protest kann genauso hoch oder sogar geringer sein, wie der eines sich höchst angepasst – ohne jedes Aufsehen – trennenden Kindes. Beobachtungen des nach dem Abschied folgenden Spiel- und Interaktionsverhaltens des Kindes zeigen bedeutend klarer die Erregung und ihre „Nachwehen" auf. Wer weniger leidet oder seinen Stress mit Hilfe der Erzieherinnen besser bewältigen kann, auch wenn er vorher mehr geweint hat, wendet sich schneller dem Spiel der anderen zu und beteiligt sich in kürzerer Zeit aktiv am Gruppenleben.

Trennungsstress allein an einem auffälligen Protestverhalten beim Abschied von den Eltern festzumachen, kann also bedeuten, den Kindern betreuerisch nicht gerecht zu werden, die ihre Erregung unauffälliger zum Ausdruck bringen, die physiologisch gesehen aber mindestens ebenso gestresst sind, jedoch auf Grund ihrer eher dezenten Signale weniger Zuwendung und Hilfestellung erhalten. Jede Verringerung des Trennungsstresses entlastet das Kind und lässt es seine Betreuungssituation angenehmer empfinden. Wohlbefinden gewährleistet ungestörte Entwicklungsfortschritte.

Das Temperament und die Lebenserfahrung eines jeden Kindes sind mit Sicherheit daran beteiligt, wie es schwierige Situationen zu meistern versucht; entsprechend unterschiedlich erfolgreich fallen diese individuellen Versuche aus.

Über *selbstregulatorische Fähigkeiten* zu verfügen und dies zusätzlich noch klar signalisieren zu können („Achtung, ich reguliere, auf keinen Fall stören!"), gilt als erfolgreicher Versuch, sich von einem instabilen Zustand wieder ins seelische Gleichgewicht zu bringen. Erfolgreich angewandte Strategien zur Selbstberuhigung und Ermutigung können schon im Kindergarten häufig beobachtet werden:

An Tagen, an denen die Kindergruppe über 25 Kinder zählt, sind immer wieder einige Kinder darunter, die nicht dazu zu bewegen sind, ein neues Spiel auszuprobieren oder an neu angebotenen Bastelarbeiten teilzunehmen. Sie hören oder schauen den Erklärungen oder Vorführungen der Erzieherin zwar kurz interessiert zu, entfernen sich dann aber wortlos, um ein Spiel oder eine Tätigkeit aufzunehmen, das oder die sie bereits gut kennen und schon mehrfach durchgeführt haben.

Dieses Verhalten legt die Interpretation nahe, dass ihnen an diesen Tagen die Gesamtsituation zu viel Unruhe und zu wenig „entspanntes Feld" (siehe Kap. 4.1.2) bietet, um sich an Neues heranzuwagen: Stattdessen wählen sie Altbekanntes, bei dessen Ausführung sie sich sicher fühlen. Haben sie dieses Verhalten mehrmals erfolgreich eingesetzt, dann steigert sich ihr Selbstvertrauen, so dass nach dieser inneren Stabilisierungsphase immer einige Kinder doch noch den Mut fassen, sich an die Auseinandersetzung mit dem aufregend Neuen zu wagen. Hier ist nur Lob angebracht und keine – auch nicht zwischen den Zeilen versteckte – Kritik nach dem Motto: „Na, kommt ihr auch noch?"

Wir hatten versprochen, nochmals kurz auf Informationen zwischen den Zeilen einzugehen. Mit einem Schlussbeispiel wollen wir Sie zum Nachdenken anregen, wie oft wir Signale versenden, deren Inhalt wir sicher zurücknehmen und korrigieren würden, wenn wir die versteckte Botschaft offen überdenken würden.

„Ich beobachte am Strand zwei kleine Mädchen, die ihre Schaufeln als Krücken gebrauchen und wie Amputierte auf einem Bein durch den Sand humpeln. ‚Schau, Mutti, ich kann mit Krücken gehen.' – ‚Wünsch dir das nicht', mahnt die Mutter. Die Kleine beruhigt sie: ‚Wir spielen doch nur!' Die Kleine muss die Mutter, die offenbar an die Allmacht der Gedanken glaubt (Was man sich vorstellt, das passiert auch), über die Harmlosigkeit ihrer Fantasien beruhigen. Vielleicht wird man aus der Rückschau in zehn oder zwanzig Jahren sagen: Hier fing es an, hier ließ sie sich von der Angst der Mutter vor ihren spontanen Einfällen anstecken und gewöhnte sich das Fantasieren ab. Vielleicht habe ich eine Neurose in statu nascendi beobachten können?" (Bittner, S. 8f)

Zum Weiterlesen:

Bittner, G. (1996): Problemkinder. Zur Psychoanalyse kindlicher und jugendlicher Verhaltensauffälligkeiten. Sammlung Vandenhoeck & Ruprecht, Göttingen.

3 Echte Angebote

Die Förderung der Entwicklung eines Kindes durch gezielte Angebote, seine Unterweisung in Fertigkeiten und die Hinführung auf allgemein anerkannte Lern- und Leistungsziele sind Ansprüche aktueller Erziehung, im Kindergarten wie in der Schule.

Weil hierbei die Angebote so wichtig sind, muss genau bedacht werden, ob eigentlich auch das Richtige geboten wird:

- Ist der pädagogische Einsatz darauf ausgerichtet, den speziellen Anforderungen der eigenständigen Entwicklungsabschnitte „Kleinstkind", „Kleinkind", „Kind" gerecht zu werden?

- Oder versuchen wir, auf möglichst wenigen Umwegen das Kind zielbewusst aus einer Welt der kleinen Erwachsenen in eine Welt der großen Erwachsenen hinüberzubringen? Dann hängt die starke Betonung der Notwendigkeit von Förderungsmaßnahmen – oft generell verordnet, ohne Ansehen der Person und unter Vernachlässigung des Kontextes der Lebensumwelt – mit unserem Kindheitskonzept zusammen: das Kind als noch unzulänglicher, daher immer förderungsbedürftiger Erwachsener. Heidi Keller macht uns darauf aufmerksam, dass trotz aller neuen Forschungsergebnisse über die Kompetenzen von Säuglingen und Kindern diese nicht als eigene Qualitäten verstanden werden, sondern viel eher als Übergangsstadien auf dem Weg zum Erwachsenen. (Keller 1997, S. 20)

Genauso berechtigt ist auch die Frage, ob wir bei unseren Angeboten auch das individuelle Kind vor uns sehen.

■ Versuchen wir, die speziellen Möglichkeiten eines Kindes, abhängig von seiner genetischen Ausstattung und seinen bisherigen Chancen zur Realisierung dieser Möglichkeiten, wahrzunehmen und seine individuellen Bedürfnisse zu befriedigen?

■ Oder sehen wir immer das statistische Durchschnittskind dieses Alters vor uns, orientieren unser Urteil und unsere Angebote daran und engen dadurch – ohne es zu wollen – die Vielfalt der Fähigkeiten und die unterschiedlichen Entwicklungsgeschwindigkeiten der Kinder auf messbare Tabellenwerte ein?

Unterschätzt zu werden ist frustrierend, weiß da doch jemand – oder sogar mehrere – nicht, was wirklich in einem steckt. Niemand macht sich die Mühe, bei einer Idee oder Sache genau zuzuhören oder hinzusehen, da offensichtlich bereits vorab beschlossen wurde, dass das Ergebnis wohl nicht so toll sein wird, weil es von Angela oder Thorsten kommt. Mit einer derartigen Erfahrung steigen Kinder ganz schnell von sich aus zwei Leistungs- und oft auch Motivationsstufen ab, ihr Selbstwert sinkt drastisch, und sie machen nur noch Blödsinn, stören und provozieren. Dann kann man nur hoffen, dass möglichst schnell jemand auftaucht, der das Verhalten und Können der betreffenden Kinder richtig einschätzt, adäquate Angebote macht und so fördert, sicher und stabil macht.

Überschätzt zu werden ist mindestens ebenso desillusionierend und lässt ganz schnell mutlos werden. Das Kind ist die erste Person, die die Fehleinschätzung erkennt. Denn natürlich gelingen ihm bestimmte Dinge nicht so, wie sie von ihm erwartet werden, kein Erfolgserlebnis verirrt sich zwischen all dem Misserfolg, weil Kind und Angebot einfach nicht zusammenpassen. Selbst auf Gebieten, in denen das Kind viel, vielleicht sogar Überdurchschnittliches leisten könnte, macht es keine Anstalten mehr, sich zu profilieren. Zu sehr ist es bereits daran gewöhnt, außen vor zu stehen, nicht ernst genommen zu werden und erfolglos zu sein. Die anderen sind einfach immer besser.

 Wichtig scheint uns auch die Frage, ob wir kindliche Entwicklung in einer von Erwachsenen dominierten Welt zulassen können, ob wir Lebensbedingungen schaffen, in denen die Bedürfnisse der Kindheit, z. B. nach Bewegung und Naturerleben, erfüllt werden können:

- Gewähren wir dem Kind Zeit und Freiraum zur Selbstentfaltung seiner Lernstrategien?
- Locken wir Ausdauer, Motivation, Fantasie und Kreativität ans Tageslicht oder verscheuchen wir sie durch ein Überangebot?
- Oder konfrontieren wir die Kinder – primär an den Bedürfnissen der Erwachsenenwelt orientiert und ihre biologische Ausstattung, Entwicklungsschritte und Reifungsprozesse ignorierend – mit unseren Vorstellungen von Tagesablauf, Schlafen, Essen, Sitzen, Stehen, Laufen, Sauberkeit, Spielen, Lernen, Abhängigkeit (wann immer *wir* sie brauchen), Selbständigkeit (wann immer *wir* Wert darauf legen), Frustrationstoleranz, Kompromissbereitschaft und Kontaktfreude (wann immer *wir* diese Tugenden für angebracht halten)?

Solange kindliche „Defizite" und „Unzulänglichkeiten" im Vordergrund unserer Kindbetrachtungen stehen, bleiben unsere Förderungsbemühungen fragwürdig und unsere Angebote ohne großen Erfolg. Dies ändert sich erst, wenn wir verstehen, was Kinder wirklich brauchen, um zu starken, unabhängigen Erwachsenen werden zu können.

Zum Weiterlesen:
Keller, H. (1997): Einführung. S. 19–25. In: Keller, H. (Hrsg.) Handbuch der Kleinkindforschung. Hans Huber, Bern.

3.1 Seinen Körper erfahren, um sich mit ihm anzufreunden

Gute Noten für Hampelmänner und Hampelfrauen: Wenn Schulkinder nicht zum Stillsitzen verdonnert werden, sondern sich bewegen können, verbessern sich nicht nur ihre psychomotorischen Fähigkeiten und ihre Körperhaltung, sondern auch ihre gesamten Schulnoten. Diese Ergebnisse hat der Sportpädagoge Gerhard Landau in einer Testklasse an einer Essener Grundschule festgestellt. Statt der normalen starren Sitzmöbel wurden den Kindern Quader in verschiedenen Größen, Kugelhälften und Halbwalzen zur Verfügung gestellt, die zum Wippen, Kippen und Schaukeln geradezu einladen. Die Bewegung regt offenbar Fantasie und Konzentrationsfähigkeit an: aus der Testklasse konnten sich mehr Schüler und Schülerinnen als im Schuldurchschnitt für das Gymnasium qualifizieren. Im Herbst 1999 sollen die mobilen Möbel in sechs Essener Grundschulklassen eingesetzt werden. Entsprechende Projekte sind auch in weiteren Städten geplant. (BRIGITTE 19/99, S. 155 Info Gesundheit; weitere Infos: Bewegungswerkstatt-Team, Friedensschule, Schinkelstraße 4, 45138 Essen, Tel. 0201/2720206)

3.1.1 Das gefällt mir an mir

Ruhig hinsitzen zu können und lieb sitzen zu bleiben war bis vor nicht allzu langer Zeit ein pädagogischer Wert an sich, den es bereits im Kindergarten hochzuhalten galt. Seine Aktivität beherrschen, Motorik und Stimmungen zügeln, seine Lebensäußerungen kontrollieren zu können waren Erziehungsziele, die hinter diesem Konzept standen. Natürlich war auch Bewegung gefragt und wurde gefordert und gefördert, aber eben in speziell dafür vorgesehenen Zeiten und nur an bestimmten Orten.

Die Angebotszeit im Kindergarten war mit Sicherheit nicht der richtige Zeitpunkt für Bewegung und der Gruppenraum oder gar Eingangsbereich und Flur waren selbst während des Freispiels nicht die richtigen Orte dafür. Stand „Bewegen" auf dem Programm, so gab man Bewegungsmuster vor und erwartete ihre Nachahmung; nur zur Auflockerung bei Beginn des Turnens durfte ohne Vorgabe „ausgeschwärmt" werden.

Inzwischen hat sich in der Pädagogik im Bereich Bewegung Ungeheuerliches getan:

- „Schafft die Stühle ab!"
- „Mehr Bewegung in die Schule!"
- „So viel Dynamik und Bewegung wie möglich, nur so viel Statik und Ruhe wie nötig."
- „Konzentration und Denken haben zuerst einmal gar nichts mit Ruhigsitzen zu tun, das sind 2 Paar Stiefel, die keineswegs zusammenpassen müssen. Mitunter haben wir den Eindruck, dass von Konzentrationsfähigkeit und Denkkraft ein bisschen Energie geklaut wird, die dann merklich fehlt, nur um beim Benützen des Kopfes auch noch zusätzlich still hinsitzen zu können." (Zitat aus der Einladung zur Diskussionsrunde „Bewegte Schule" Basel Stadt 1996)

Hier haben wir alle dazugelernt. Und trotzdem sind Bewegungsanreize, Bewegungsfreude, Bewegungserfahrungen, Bewegungsgedächtnis, Körperbewusstsein und Körperempfinden zwar inzwischen gängige Fachbegriffe geworden, aber ihre wirkliche Bedeutung im motorischen wie im geistigen Entwicklungsverlauf sind noch lange nicht in ihrem ganzen Ausmaß erkannt. Wie viel sie z. B. mit Persönlichkeit und Selbständigkeit zu tun haben, wie sehr sie unabhängig und stark werden lassen, erahnen wir erst langsam. Seinen Körper als liebens- und schützenswerten Freund kennen zu lernen ist einer der wesentlichsten Schutzfaktoren, die man während Kindheit und Jugend gewinnen kann.

Einige Ergebnisse sind bereits so überzeugend, dass sie unser Bewegungsverständnis revolutionieren und massive Auswirkungen auf die Bewegungserziehung von Kindern haben müssen:

Bewegungsanreize durch Lageveränderungen beim Tragen und Wiegen lassen ebenso wie *Berührungsreize* durch Streicheln und Massieren Säuglinge zweierlei erleben: sie lassen sie ihren Körper fühlen und über ihn die beruhigende Anwesenheit einer Bezugsperson wahrnehmen. Auf Intensivstationen konnte beobachtet werden, dass zu früh geborene Babys bei gleicher Ernährung doppelt so schnell an Gewicht zunahmen, wenn sie täglich massiert und gestreichelt wurden, wie wenn diese Bewegungs- und Berührungsstimulation nicht stattfand. Über Bewegung und Berührung vermittelte Signale schaffen offensichtlich die psychische Voraussetzung, um die zugeführte Nahrung im vollen Umfang zu verwerten. Besonders faszinierend ist, dass diese Kinder sich außerdem viel aktiver, aufmerksamer, ansprechbarer und weniger lärm- und stressempfindlich zeigten als ihre routinemäßig versorgten Altersgenossen. Alles spricht dafür, dass Bewegung und Berührung wichtige Impulse für körperliche und geistige Entwicklungen, ja, selbst Schutzfaktoren sind (erinnern Sie sich an Kapitel 2.2.1?).

Bewegungsfreude ist die erste emotionale Antwort eines Kindes auf seinen motorisch aktiven Körper:

- Hurra, es tut sich etwas!
- Nein, das stimmt ja gar nicht! Ich tue etwas!
- Ich bewirke etwas! Ich bin nicht einflusslos!

Begeistert wiederholt ein Kind seinen Bewegungserfolg, viele, viele Male. Körperteile bewegen zu können, ist bereits eine große Sache;

es ist noch keineswegs nötig, hierdurch Weltbewegendes in Gang zu setzen. Beide Hände treffen sich, die Hand trifft den Fuß. Dieser erreicht den Mund. Die zunehmenden Möglichkeiten und die wachsende Geschicklichkeit bereiten sichtlich Vergnügen; sich zu bewegen gefällt jedem Kind. Die Bewegung selbst ist die Belohnung und gleichzeitig die anspornende Energiequelle, es sofort nochmals zu versuchen, und dann nochmals. Aus eigener Initiative sammelt das Kind immer mehr Bewegungserfahrungen. Seine Funktionslust, seine bis zum selbstdefinierten Erfolg nicht ermüdende Begeisterung helfen ihm dabei (siehe Kap. 4.2.1).

Wird die Bewegungsfreude unterstützt, so nehmen Körperbeherrschung, Geschicklichkeit, Schnelligkeit und Ausdauer von Tag zu Tag zu.

Doch wie unterstützt man in der Familie und im Kindergarten Bewegungsfreude? Hier die wichtigsten Gedanken dazu:

- indem man ein Kind sich bewegen lässt, möglichst frei und möglichst uneingeschränkt. Auf Bewegungsfreiheit ist auch bei der Wahl der Kleidung zu achten. Was Bewegungserziehung in den ersten Lebensjahren heißt, ist schnell beschrieben: Bewegen lassen, wann immer es irgendwie möglich ist;
- indem man Räumlichkeiten schafft, die Bewegungswünschen entgegenkommen und nicht im Wege stehen; räumliche Angebote, die eine Herausforderung, aber keine zu große Gefahr darstellen. Dass hier freies Gelände, Wald, Wiesen und Erdhügel am geeignetsten sind, schon allein wegen ihres fuß- und rückenfreundlichen Belages, erklärt sich von selbst;
- indem man gemeinsam Regeln erarbeitet und auf deren Einhaltung achtet, damit die Bewegungsfreude des einen nicht zum Angstauslöser des anderen Kindes wird. Alternativen anzubieten, Bewegungsbaustelle und Ruheraum, ist nur der erste Schritt. Natürlich müssen auch diese Angebote bei den Kindern eingeführt werden. Das heißt, dass besonders die kleinen und/oder ängstlicheren Kinder den Toberaum und

die Bewegungsbaustelle in Begleitung einer Erzieherin und vielleicht in kleinen Gruppen Schritt für Schritt erkunden lernen, damit sie nicht schon frühzeitig von den lauteren und bewegungsaktiven Kindern ausgebremst werden. Oft sind Absprachen notwendig, vielleicht eine Art Nutzung in Schichten, damit auch ängstlicheren Kindern der Toberaum verlockend erscheinen und zum Erfahrungsfeld werden kann. Nicht nur die Höchstzahl der anwesenden Kinder festzulegen, sondern auch mal die Gruppen gezielt zusammenzusetzen, kann eine Lösung sein. Für bewegungsgehemmte, ängstliche Kinder ist es, als hätten sie einen Schatz gefunden, wenn sie toben können, ohne sich gefährdet zu fühlen.

„Heute hat der Mauricio so wild gemacht, wie sonst nur der Ravel macht. Mal Ravel sein gefällt dem Mauricio!", berichtet Mauricio stolz der Erzieherin.

Es muss nicht immer Bewegung sein: Auch den Ruheraum können Kinder als sehr angenehm erleben und kennen lernen, wenn dort gezielt Angebote stattfinden, die das Kind zur Ruhe kommen und entspannen lassen, also beispielsweise dort Mandalas mit verschiedenen Materialien gestaltet oder Fantasiereisen durchgeführt werden;

- indem man die aus Bewegungsfreude und Bewegungserfolg erwachsende Unabhängigkeit und zunehmende Selbständigkeit des Kindes begrüßt (siehe auch Kap. 4.4.2). Ein Kind, das sein Bewegungsrepertoire ständig erweitert, braucht in vielen Situationen bald keine Hilfestellung mehr. Häufig reagieren Erwachsene falsch auf diese Entwicklung: leicht beleidigt, weil sie glauben, nun nicht mehr gebraucht zu werden, oder vorwurfsvoll, weil die Bewegungsansprüche natürlich weiter steigen und dann schnell als maßlos empfunden werden. Beide Reaktionen hinterlassen beim Kind ein schlechtes Gewissen und bremsen die Bewegungsfreude.

Jede *Bewegungserfahrung* bedeutet also einen weiteren Schritt in Richtung Unabhängigkeit und Selbständigkeit. Deshalb vermitteln Bewegungserfahrungen Kompetenzgefühle und machen sicher. Handlungen, die sich aus mehreren Einheiten zusammensetzen, auf deren richtige Abfolge es ankommt, entwickeln sich nur dann zielgerichtet und zweckmäßig, wenn alle dazu nötigen einzelnen Bewegungserfahrungen bekannt und verfügbar sind.

Und wie funktioniert das? Bewegungserfahrungen müssen abgespeichert werden und bei entsprechender Aufgabenstellung einfach wieder abrufbar sein. Wie wir uns Namen und Gesichter von Personen bei mehrmaligem Kontakt einprägen und beides uns bei einem erneuten Treffen wieder einfällt, so arbeitet unser Gedächtnis auch in Bezug auf Bewegungsanforderungen. Wie stehen die Fußgelenke zueinander, wie ist die Muskelanspannung beim Balancieren? Einmal Rad fahren oder schwimmen können, bedeutet immer Rad fahren oder schwimmen zu können, sobald man auf ein Rad steigt oder Wasser um sich fühlt.

Je mehr Bewegungserfahrungen ein Kind hat, desto weniger Situationen werden ihm unüberwindbar oder gar unheimlich vorkommen, desto realistischer wird die Einschätzung seiner körperlichen Möglichkeiten. Es gelingt ihm sogar in vielen Fällen, richtig zu beurteilen, wie viel Anstrengung noch aufzubringen wäre, um noch ein bisschen höher zu kommen, weiter zu springen oder schneller zu rennen. Lohnt sich der Mehraufwand im Vergleich zum Mehrgenuss, den ich dann vielleicht habe? Mindestens genauso wichtig ist auch die Beobachtung, dass bewegungserfahrene Kinder weit besser einschätzen können, welche Anforderung sie noch annehmen und meistern können und wo dann wirklich ihre Grenzen liegen. Den bewussten, wohl überlegten Verzicht auf zu riskante Manöver verstehen wir völlig richtig als Vorsichtsmaßnahme (dem als schützenswert eingeschätzten) Körper gegenüber. Eine ausgesprochen gesunde Reaktion.

Hier stoßen wir zum ersten Mal auf fürsorgliche, selbstschützende Eigenempfindungen, die Suchtkranken abhanden gekommen sind und die Körpertherapeuten mühsam mit ihren erwachsenen Patienten einzuüben versuchen. Beim Kind sind sie jedoch unter optimalen Entwicklungsbedingungen ganz von allein vorhanden. Es geht um „sich nicht schaden wollen", „auf sich aufpassen", „es sich gut gehen lassen", „alles dafür zu tun, um sich wohl zu fühlen".

Wenden wir uns dem Begriff „Bewegungsgedächtnis" zu. Werden Bewegungen häufig durchgeführt, so sammelt ein Kind taktil-kinästhetische Einzelerfahrungen über diesen motorischen Ablauf. Gleichzeitig prägt es sich auch über seine Sinne empfangene Informationen und Rückmeldungen zu den hierzu in seiner Umwelt ablaufenden Vorgängen ein. Es kommt zu einer Kombination aus Eigenerfahrung und erlebter Resonanz. Muss eine bestimmte Bewegungssequenz wieder einmal ausgeführt werden, reicht das motorische Erinnerungsvermögen aus, damit sich das Kind vorstellen kann, wie die Bewegung ausgeführt werden muss: „Durch eine Röhre krabbeln, kenne ich schon; klettern, das habe ich schon oft gemacht; Achtung, hier wird es mal wieder rutschig!"

Die Sache mit dem *Bewegungsgedächtnis* klingt recht einfach, vor allem, wenn genügend Übungsdurchläufe stattgefunden haben. Früher stellte man eine Faustregel auf: 2000 Mal sollte ein Bewegungsablauf durchgeführt worden sein, dann ist er perfekt gespeichert. Heute sprechen viele Ergebnisse dafür, dass die Motivation des Kindes der wesentliche Faktor ist, wie schnell ein Kind eine Bewegung verinnerlicht und bereit zum automatisierten Wiedereinsatz hat. Handelt es sich hierbei um eine Bewegungsfolge, die ein Kind vielleicht aus therapeutischen Gründen, womöglich sogar gegen seinen Willen und körperlichen Widerstand, einüben muss, so braucht diese viel häufigere Wiederholung, bis sie sitzt, als dies bei einer Bewegung der Fall ist, die spontan aus einer Spielsituation heraus entsteht und die das Kind unbedingt beherrschen möchte – selbst wenn sie viel komplizierter ist.

Eine weitere Hürde gilt es zu überwinden: Trotz aller Übung kann es zu Komplikationen beim Abruf einer eigentlich bekannten Bewegung aus dem Bewegungsgedächtnis kommen. Wie bereits beschrieben, wird nämlich nicht nur der Bewegungsablauf eingespeichert, sondern auch die darauf erlebte Resonanz: Fand meine Umgebung es gut, was ich machte oder nicht und warum fiel ihre Reaktion so aus? War diese negativ, schmerzlich oder anderweitig strafend, so kann ein Kind die Konsequenz daraus ziehen, diese und womöglich weitere ähnliche Bewegungsmuster nicht mehr auszuführen, einfach nicht mehr zu können. Eine plötzlich auftretende und sich verstärkende motorische Koordinationsstörung kann in einer derartigen Erfahrung ihren Anfang genommen haben. Unbewusst beschließt ein Kind, eine bestimmte Bewegung nicht mehr zu können, eine Anpassungsleistung, um sich vor Schlimmerem zu schützen.

Fehlende Bewegungserfahrungen und mangelnde Verarbeitung von Sinnesreizen im Gehirn auf Grund nicht ausreichender oder unattraktiver Angebote, mobil und aktiv zu sein, oder entmutigende Reaktionen, die den Zugang zu bereits bewiesener Beweglichkeit versperren, können Gründe für Störungen in der Bewegungskoordination sein. Kinder, bei denen dies auffällt, brauchen spätestens im Kindergartenalter professionelle psychomotorische „Nachhilfe", um bald auch wie die anderen fallen, sich mit den Händen abfangen und wieder aufstehen, rückwärts gehen, auf einem Bein hüpfen, die Bewegungen der anderen Kinder vorausdenken und die eigenen darauf abstimmen zu können. Das ist wichtig, denn ein Mangel an Bewegungskoordination schmälert die Lebensqualität und die Chance, sich einschränkungslos selbst zu mögen. Das alles wäre schon schlimm genug, aber die Folgen eines unzureichend gefüllten Bewegungsgedächtnisses sind weit reichender: Verhaltensstörungen, Konzentrationsdefizite, Sprachprobleme sowie Lese- oder Rechtschreibschwäche können hinzukommen. Das Schreiben kann man z. B. nur lernen, wenn man nicht seine ganze Aufmerksamkeit dafür braucht, ohne Wackeln stehen oder sich auf einem Stuhl aufrecht halten zu können. Und wer später einmal den Unterschied zwischen „41" und „14" erkennen will, benötigt Raumvorstellung und Raumerfahrung, deren Voraussetzung wiederum Bewegungserfahrungen sind.

Der amerikanische Wissenschaftler Daniel Povinelli vertritt die These, dass das *Körperbewusstsein* die Basis für das Selbstbewusstsein ist. Nur wer sich seines Körpers bewusst ist, kann sich auch seiner selbst bewusst werden. Seine Idee leitet er aus Beobachtungen aus dem Tierreich ab. Viele Affenarten sind zwar äußerst gelenk, analysiert man ihre Bewegung jedoch genauer, so stellt man fest, dass sie ein recht eingeschränktes Bewegungsrepertoire haben und einige wenige Bewegungsabläufe stereotyp wiederholen. Das ist bei den großen Menschenaffen ganz anders. Sie zeigen unendlich viele feine Unterschiede in ihren Bewegungsweisen. Für jeden Schritt, für jeden Meter weiter am Boden und durch die Bäume stehen ihnen unzählige Bewegungsvariationen zur Verfügung. Das ist auch dringend nötig, da für diese schweren Tiere das Leben im Geäst wesentlich riskanter ist. Sie müssen planen, welches der nächste Ast sein soll, dem sie ihr Zentnergewicht zumuten können. Für diese Überlegungen müssen sie sich ihres Gewichtes und Umfangs bewusst sein, die Spannweite ihrer Arme kennen, die Sprungkraft ihrer Beine. Die Fähigkeit, Körpergewicht, Körpergestalt und motorische Möglichkeiten einzukalkulieren, also bewusst zu klettern, wird wichtig. Körperbewusstsein heißt die Lösung.

Von den Menschenaffen, von denen sich unsere menschlichen Vorfahren abgespalten und dann getrennt weiterentwickelt haben, wissen wir, dass bei ihnen bereits erste Anzeichen von Selbstbewusstsein zu finden sind. Je mehr sich der Affe in Richtung Mensch entwickelt, desto mehr nimmt das Bewusstsein über sich selbst zu; auch hier entwickelt es sich über das Wissen und Empfindungserleben vom eigenen Körper.

Unser Körperempfinden stellt man sich am besten als eine Art gesammelter Erinnerungen vor, die anlässlich bestimmter Erlebnisse oder Schlüsselworte wieder aufgerufen werden können. Glück hat man gehabt, wenn man sich seiner Kindheit erinnert und einem dabei Worte wie warm, weich und duftend einfallen. Oft sind ganze Szenen im Gedächtnisspeicher gelagert, die uns damaliges Körperempfinden wieder nacherleben lassen. Das Eintauchen ins Meer, nächtliches Baden in einem vom Mond beschienenen See, das Gefühl, in der warmen Sonne auf einer Wiese zu liegen, ordentlich durchgefroren ins warme Zuhause kommen, im Arm von Papa in der Sofaecke eine Hörspielcassette zu hören, das erfrischende Glas Apfelsaft nach der Wanderung in den Bergen, die nie mehr wieder so gut schmeckende Kartoffelsuppe während des Umzugs inmitten aller Möbel: Hier hat man sich rundum wohlgefühlt.

Natürlich gibt es auch haufenweise Situationen, die von einem negativen Körperempfinden begleitet waren und einem genauso präsent und nachfühlbar sind; doch macht es weniger Spaß, diese aufzuzählen. Für jedes Kind kann man nur hoffen, dass die positiven Körpererinnerungen bei weitem überwiegen, denn dann fällt es ihm viel leichter, sich mit seinem Körper anzufreunden.

- Was kann ich?
- Was mag ich an mir?
- Das gefällt mir an mir!
- Das tut mir gut!

Wenn Kinder dies sprudelnd, mit nicht enden wollenden Aufzählungen beantworten, wird schnell klar, welche Bedeutung ihr Körper für sie hat. Mit Körperwahrnehmungsspielen und Entspannungsgeschichten zum Thema Körperempfinden, die wir in vielen Büchern finden, können wir den Kindern beim Entwickeln dieses Körperempfindens helfen. In daran anschließenden Gesprächen lernt das Kind sein Körperempfinden auszudrücken und den eigenen Körper mit seinen Möglichkeiten und Fähigkeiten zu schätzen. Über seinen Körper sprechen können, ihn ansprechend zu finden, erleichtert es, eine Beziehung zu ihm aufbauen zu können. Genau das wiederum ist ein Schutzfaktor gegen Sucht – vor allem für die in diesem Bereich durch Tabletten- und Esssüchte mehr gefährdeten Mädchen und Frauen: genau zu wissen, was ihnen in einer bestimmten Situation gut tun könnte (joggen, schwimmen, tanzen, Joga, zum Friseur gehen, saunen, baden …) und eben nicht immer frustriert feststellen zu müssen, dass die Figur wieder mal keinen Ansprüchen genügt, weil zu dick, zu dünn, zu langsam, zu unsportlich, zu schlaff …

3.1.2 Bewegung – wozu brauche ich sie?

„Kinder brauchen das riskante Klettern und Toben, um sich selbst und die Welt wahrnehmen zu lernen. Denn die Aufnahmefähigkeit ihrer Sinnesorgane wächst in dem Maße, in dem sie sie fordern. Und nie wieder ist diese Schulung der Sinne so wichtig wie in den ersten Lebensjahren: Die Neugier des Kindes ist groß, das Gehirn noch plastisch und erfahrungshungrig; es nimmt Eindrücke leicht auf und lernt schnell, sie als komplexe Muster im Gedächtnis zu speichern. … Zahlreich sind die Hinweise darauf, dass sämtliche Sinne genutzt werden müssen, damit sich das Gehirn überhaupt entwickeln, eine Struktur bilden, die Wahrnehmung verarbeiten kann. Babys kommen zwar be-

reits mit Milliarden von Nervenzellen auf die Welt, die auch
schon in einem vorläufigen Grundmuster miteinander verbun-
den sind. Die „Feinabstimmung" aber geschieht erst durch Sti-
mulation von außen. ... Wie genau diese Lernvorgänge ablau-
fen, wissen selbst Hirnphysiologen nicht. Aber vermutlich
formen, wenn Julius wippt, die wirbelnden Bilder von Leif, der
in seinem Blickfeld auftaucht und wieder verschwindet, zusam-
men mit dem Gefühl des Schwankens und der Anspannung der
Muskeln in seinem Gehirn eines von vielen Neuronenmustern in
der Abteilung „Gleichgewicht". Und je öfter Julius diese Erfah-
rung macht, desto stabiler wird die Nervenverbindung. Üben
hilft – auch beim Bäumeklettern, Purzelbaumschlagen oder
Gänseblumenkettenflechten. ... Dieselben Synapsen, die etwa
beim Fußballspiel gebahnt worden sind, werden zumindest teil-
weise auch bei intellektuellen Prozessen aktiviert. Und je mehr
Schaltstellen, desto mehr Assoziationen wird es geben. Mit der
Vielfalt sinnlicher Erfahrungen werden Menschen also beweglich
an Körper und Geist." (M. Freud, S. 46–50)

Wie Renate Zimmer in einer Gesprächsrunde vor ein paar Jahren treffend darstellte, lieben Kinder „sensorische Sensationen"
(eine Vielfalt ankommender Reize) natürlich nicht deshalb, weil
ihnen dadurch die Aufnahme und Verarbeitung sinnlicher Erfahrungen leichter fällt oder gar, weil sie dadurch höchst effek-
tiv ihre Gehirnfunktionen trainieren, sondern allein deshalb,
weil es schön, spannend und lustvoll ist, zu springen, zu rennen, sich zu drehen, zu schwingen und zu schaukeln.

Bewegung ist Lebensausdruck. Es passiert viel, wenn man sich
bewegt:
■ Bewegung, jede Form sportlicher Betätigung, z. B. Rennen
  und Joggen, hilft nachgewiesenermaßen gegen Unwohlsein, ja
  sogar gegen Depressionen. Durch die Bewegung nimmt man

sich selbst besser wahr, hat ein erhöhtes Selbstwertgefühl und ein positiveres Körperbewusstsein. Dieses gesteigerte Wohlgefühl kommt durch neurophysiologische Veränderungen zu Stande, die sich direkt messen lassen. Bewegung erhöht nämlich die Ausschüttung körpereigener Glückshormone; das ist auch der Grund, warum Kinder viel ausgeglichener sind, mehr Appetit haben und besser schlafen, wenn sie sich bewegen konnten, am besten im Freien. Die Glückshormone werden auch als körpereigene Opiate bezeichnet, da sie in ihrer psychischen Wirkung tatsächlich der Wirkung von Morphinen ähneln. Auch sie versetzen einen Menschen in rauschähnliche, euphorische Zustände, aber eben ganz ohne negative Folgen und mit dem sicheren Wissen, sich jederzeit und überall wieder dieses Wohlgefühl durch ein bisschen Bewegung verschaffen zu können.

- Bewegung und sportliche Aktivität haben nachweisbare Auswirkungen auf unser psychisches, physisches und soziales Wohlbefinden. Das liegt daran, dass sich Bewegung in ganz verschiedenen Bereichen positiv bemerkbar macht. Wer Bewegungserfahrung hat, weiß, was ihm wann guttut:
  - viel Bewegungsmöglichkeit, viel „Auslauf" zu haben, führt zu einer Verbesserung der Grundstimmung mit viel mehr Lachen und Scherzen, da der kindliche Bewegungsdrang respektiert wird und deshalb keine ziellose Unruhe, Gereiztheit, Aggressivität und Jähzornsausbrüche aufkommen;
  - Kinder mit viel Bewegungsmöglichkeiten haben weniger körperliche Beschwerden, was u. a. daran liegt, dass sie ihre Bewegungserfahrungen zum Spannungsabbau und zur körperlichen Entlastung gezielt einsetzen können;
  - besonders positiv auf Körperbewusstsein und Gesamtbefinden wirkt sich die regelmäßige Wahrnehmung der eigenen körperlichen Fähigkeiten aus. Man muss übrigens nicht überall toll oder gleich gut sein. Es reicht für das

Selbstbewusstsein zu wissen und zu zeigen (die anderen müssen es auch wissen!), dass man gut klettern kann; beim Rennen dann nicht unter den Ersten zu sein, ist ein vergleichsweise kleines Problem, wenn überhaupt eines;
– zur wilden Horde oder zu den Dauerbesuchern der Bewegungsbaustelle zu gehören, sportlich aktiv zu sein, bringt soziale Einbindung und die damit verbundene gegenseitige Unterstützung mit sich. Man erlebt sich als dazugehörig, als Gruppenmitglied, und stellt fest, immer mal wieder Einfluss auf das Gruppengeschehen nehmen zu können. Ein stark machendes Gefühl, das Ohnmachtsgefühle nicht aufkommen lässt (siehe hierzu Kap. 2.1.1).

 Bewegung regt nicht nur die Muskulatur, sondern auch das Gehirn an. Bei körperlicher Anstrengung wird das Gehirn besser durchblutet, kann also effektiver arbeiten. Das gilt natürlich besonders für die Zeit überschäumender Aktivität in der Kindheit. Aber regelmäßiges Bewegungstraining, ja sogar Hobbys mit hohen feinmotorischen Anforderungen wie malen und stricken können noch bei betagten Gehirnen Abbauerscheinungen vorbeugen.
– Bereits bei einem zehnwöchigen Fitnessprogramm mit Kindern steigen die Werte beim Intelligenztest. Ein Grund für diesen Erfolg ist vermutlich die Steigerung der Konzentrationsfähigkeit und das verbesserte Abrufen von gespeichertem Wissen durch die erhöhte Hirntätigkeit.
– Wie schnell sich Bewegung auf den Geist auswirkt, kann jeder Zuhörer eines längeren Vortrags feststellen. Fordert der Referent in der zweiten Hälfte des Vortrags, wenn die Konzentration gerne nachlässt, die Zuhörer auf, sich alle kurz zu erheben, einmal um die eigene Achse zu drehen und sich dann wieder hinzusetzen, hat dies nicht nur eine entspannende Erheiterung und kurze Kontaktaufnahme mit Sitznachbarn zur Folge, sondern erhöht sofort

die Bereitschaft, nun den Ausführungen wieder aufmerksam zu folgen.

- Bewegung beruhigt natürlich auch, da sie dem Erregungsabbau dient. Deshalb lassen wir übererregte Kinder dreimal durch den Garten rennen, auf die Streittrommel schlagen, viele, viele Wutzettel zerknüllen und deshalb bemalen wir bei einem aufregenden oder anregenden Telefongespräch unsere Schreibtischunterlage, Notizzettel und Wände von Telefonzellen.

- Dass Bewegung auch ganz wichtig zur Optimierung unseres Erregungshaushaltes ist, ist nach all den genannten Beispielen nicht mehr überraschend. Alle Menschen, auch schon Kinder, pendeln ständig zwischen der Suche nach angenehmer Erregung und Vermeidung unangenehmer Angst hin und her, weil sie sich in einem ausgeglichenen Zwischenstadium am wohlsten fühlen. Ziel ist es, in der Lage zu sein, die Langeweile erfolgreich mit Aktivität zu besiegen und dennoch einer Überanstrengung zu entgehen.

Wo Langeweile oder Überanstrengung anfangen, das ist bei jedem Menschen unterschiedlich. Außerdem ist das Thema Langeweile für Kinder besonders brisant (siehe hierzu Kap. 4.4.1). Sogenannte „arousal-Typen" oder Sensationshungrige, offensichtlich dauernd auf Erregungssuche, können für ihre Umgebung recht anstrengend sein, vor allem, wenn die Umgebung ihr Verhalten nicht richtig einschätzen kann. Sie brauchen mehr und öfter Herausforderungen als andere Kinder. Sie benötigen ein überdurchschnittliches Maß an körperlicher Auslastung und Risikobelastung, um sich überhaupt wohlzufühlen. Sie suchen die Gefahr, doch da sie das schon lange, vielleicht schon immer machen, haben sie ein recht gutes Händchen dafür, was sie sich zumuten können. Denn verletzen oder überanstrengen wollen sich diese Kinder auch nicht. Gesteht man ihnen ihre Besonderheit zu, gibt ihnen Freiraum, nimmt sie ernst und verweist sie auch auf ihre Eigenverantwortung, dann sind sie die verträglichsten Menschen. Engt man sie jedoch ein und versucht sie auf das Durchschnittsmaß an Aktivität und Risiko einzupendeln, womöglich durch Strafen und Verbote, lässt man sie nicht in Sportvereine oder zu Sportprofis, bei denen sie ihre Bewegungsfreude ausleben können (denn Eltern sind meist überfordert), leiden sie und ihre Umgebung mit, da bald große Unruhe und Aggressivität aus Frustration ihre Stimmung dominieren werden. Hier hilft nur ein Gespräch im Team und mit den Eltern, wie und wo diese ständig geladenen Akkus genussvoll und möglichst gefahrlos entladen werden können. Das brauchen diese Kinder, Jugendlichen und Erwachsenen, um glücklich, sozial verträglich, durchaus mal ganz ruhig und anschmiegsam sowie auch in anderen Bereichen leistungsbereit sein zu können. Nimmt man ihnen ihre Abenteuer, müssen sie auf unbefriedigenden Ersatz zurückgreifen und sind dauernd auf der riskanten Suche nach einer auch nur annähernd so guten Lustbeschaffung (siehe hierzu auch Kap. 3.3.2).

„Bewegung – wozu brauche ich sie?" – war unsere Frage. Viele Gründe haben wir bereits gehört, doch einer scheint uns für das Kindergartenalter besonders wichtig. So wichtig, dass er nochmals hervorgehoben werden soll.

Bewegung dient auch dazu, sich selbst und das Bild, das andere von einem haben, kennen zu lernen. Ganz klar, dass dieses Fremdbild natürlich wieder auf einen selbst zurückwirkt. Bewegung ist nämlich der erste Gradmesser, mit dessen Hilfe man feststellen kann, inwieweit jemand bereit und in der Lage ist, Anforderungen anzunehmen. Das gilt für selbst gewählte Anforderungen wie für „von außen" an einen herangetragene:

■ Es geht darum, sich etwas zu trauen und gleichzeitig auch darum, sich etwas zuzutrauen.

■ Es geht aber auch darum, ob einem jemand zutraut, eine Hürde zu nehmen (allein das Zutrauen des Versuchs würde schon reichen) und dabei das Risiko richtig einzuschätzen und einen Schritt notfalls eben nicht zu riskieren.

Die Einschätzung der anderen trägt ganz maßgeblich zum eigenen Selbstbewusstsein und Selbstwertgefühl bei. Blicke, Kommentare, auch Informationen, die „zwischen den Zeilen" versteckt sind, werden schon von Zweijährigen bemerkt und ausgewertet. Sie erspüren, welches Bild sie bei Gleichaltrigen und Erwachsenen abgeben. Doch ihre Selbstanalyse geht noch weiter: an dem Spektrum der Angebote, die man ihnen macht, lesen sie die Einschätzung ihrer Möglichkeiten und Fähigkeiten ab. Sie stellen fest: „Was traut man mir zu? Stärkt oder schwächt mich meine Umgebung?"

Zum Weiterlesen:
Zimmer, R. (1995): Schafft die Stühle ab! Bewegungsspiele für Kinder. Herder, Freiburg.
Freud, M. (1997): Ein Männlein spielt im Walde. GEO Wissen: Sinne und Wahrnehmung. S. 44–55, September.

3.2 Biete mir wenig, aber Gutes

Eine Frage an Kindergartenkinder:
– „Stellt euch vor, ihr würdet morgens in den Kindergarten kommen und die Rutsche wäre nicht mehr da! Was würdet ihr tun?"
– „Was ist jetzt los, würde ich denken!"
– „Die Annegret fragen, wo sie ist, ob sie vielleicht repariert wird."

- „Die Rutsche suchen, vielleicht ist sie im Schuppen, da waren auch unsere Sonnenschirme, als wir sie gesucht haben."
- „Die Diebe suchen, die unsere Rutsche geklaut haben."
- „Die Polizei anrufen."
- „Einfach die Rutsche vom Stadtplatz holen."
- „Ich würde zuerst mal sehen, ob noch mehr von den Spielsachen weg sind."
- „Eben nicht rutschen, vielleicht Verstecken spielen."
- „Was anderes spielen."
- „Mit der Kletterwand und den Seilen spielen."
- „Auf dem Bauch über den Boden rutschen."
- „Eine Bank am Klettergestell einhängen und von der Bank rutschen."
- „Aus den großen Holzstücken einen Kletterberg bauen und runterspringen."
- „Einen Erdhügel schaufeln und von dem runterrutschen. Klar, eine Folie drauflegen, nass machen und schon ist eine neue Rutsche da."

3.2.1 Meine Schätze sind versteckt, hilf mir, sie zu suchen

Kinder können nicht mehr spielen. Das ist eine überall zu hörende Klage. Die Erwachsenen meinen eine eindeutige Wechselbeziehung zu erkennen: je voller die Spielzeugschränke und Kinderzimmer sind, desto häufiger stehen die Kinder in kurzen Abständen neben ihnen, neben der Erzieherin wie neben der Mutter und fragen: „Was soll ich denn jetzt spielen? Mir ist so langweilig!"

Erzieherin wie Mutter machen Vorschläge, stellen verschiedene Alternativen zur Auswahl, schleppen neues („Beschäftigungs-") Material und Spielzeug herbei, mit besonders hohem Spiel- und Lernwert – dafür bürgt ein Stempel – und kurze Zeit später stehen die Kinder wieder neben ihnen: „Was soll ich denn jetzt spielen? Mir ist so langweilig!" Das war also nicht die Lösung.

> *„Dabei reagieren Kinder meistens vernünftiger, als ihre Eltern eingekauft haben. Bald schon landet das Zeug, das verlockend die Sinne weckte, aber wenig von Spiel hat, in der Ecke auf dem Müll. So ‚resistent' Kinder auch sein mögen, auf diese Weise lernen sie früh die Kunst des Wegwerfens und Nachkaufens. Ihnen wird böse mitgespielt, verlieren sie doch nach und nach die Lust am Spielen."* (Schiffer 1999, S. 57)

Neben den passionierten Spielern fallen drei weitere Gruppen auf, die sich bezüglich Spielbegeisterung und Spieldauer erheblich von „Spielkindern" unterscheiden.

1. Beobachtungen zeigen, dass es vielen Kindern schwer fällt, ins Spiel zu finden. Die Such- und Orientierungsphase ist bei ihnen überdurchschnittlich lang. Unschlüssigkeit zeigt sich in ihren Bewegungen und ihren kurz mal hier, kurz mal da angefangenen und dann sofort wieder abgebrochenen Handlungen. Ihre Mienen melden Unlust, wenn nicht sogar Frust. Es scheint nichts angeboten zu werden, was sie anspricht.

2. Nicht weniger fallen die Pragmatiker im Kindergarten auf. Sie spielen mit dem, was griffbereit im Regal liegt oder sofort verfügbar ist, worauf man nicht warten oder über die Reihenfolge der Benutzung diskutieren muss. Sie entscheiden sich schnell, offensichtlich ohne viel nachzudenken; ganz sicher ohne sich zu fragen: „Was will ich eigentlich spielen?" Mehr Aufwand scheint ihnen nicht lohnend, sie ziehen den Weg des geringsten Widerstandes vor. Diese Entscheidung erspart ihnen, mit jemandem Kontakt aufnehmen zu müssen, sich mit den Wünschen anderer auseinanderzusetzen oder gar für ihre Spielidee zu kämpfen. Dass diese Spiele relativ kurz sind, verwundert nicht. Auch nicht, dass die Kinder ganz selten im

Spiel versinken. Ist es überhaupt ihr Spiel oder spielen sie etwas, weil eben alle Kinder im Kindergarten damit spielen?

3. Unter den Kindern mit Spielschwierigkeiten ist mit Sicherheit die Gruppe der Kinder am größten, die sich ganz schnell für ein Spiel begeistern können, aber sich ebenso schnell davon abwenden, wenn ein anderes Angebot auftaucht. „Bin fertig, was soll ich jetzt machen?" Will man die Spielbegeisterung dieser Spezialisten erhalten, muss man zum Animateur werden. Eine Aktion jagt die nächste, noch mehr action, noch mehr fun. Und wehe, die Erlebnisflut bleibt aus, dann ist Stimmungsebbe. Für diese Kinder ist Langeweile eine Katastrophe, kein vertrautes Gefühl, das schließlich zu genussvollem Spiel überleitet. Im Gegenteil, es ist ein vom Kind abgelehntes Gefühl, das Angst und Wut macht, da es nicht bis zum guten Ende durchlebt, sondern normalerweise durch neue Angebote zugedeckt wird.

Das hängt sicher auch mit den in den Familien gemachten Spielerfahrungen zusammen. Viel mit einem Kind zu spielen, ist sicher erst einmal gut und richtig. Aber viele Eltern machen sich zum ständigen Material- und Ideenlieferanten und können dadurch kindliche Eigeninitiativen empfindlich stören. In dieser Situation sollte die Anregungsdosis immer mehr verringert werden, bis kleine Impulse wieder ausreichend sind, eine Aktivität in Gang zu bringen.

Alle drei Spieltypen haben etwas gemeinsam, das sie von den passionierten Spielern unterscheidet. Warum spricht sie kein Spiel, kein Angebot so an, dass sie begeistert darauf einsteigen, sich bewusst dafür entscheiden oder trotz kleiner Ablenkungen dabei bleiben wollen?

Es fehlt ihnen die innere Bereitschaft dazu, die so genannte „intrinsische Motivation", aus eigenem Antrieb einfach etwas aus Spaß zu tun oder um die eigenen Kräfte und Fähigkeiten zu erproben. Die Spielbereitschaft ist nicht hoch genug, weil die Voraussetzungen dafür fehlen (siehe Kap. 4.3.1). Erfreulicherweise müssen wir nur bei einigen der Kinder mit Spielproblemen davon ausgehen, dass ihre Lebenssituation sehr belastend ist und dass sie aus diesem Grund nicht spielen können. Viel eher müssen wir vermuten, dass in der Mehrzahl der Fälle die spielauslösenden Reize zu schwach oder einfach nicht die richtigen sind, so dass sie keinen jeden Einsatz entschädigenden Spielgenuss versprechen.

Könnte dies daran liegen, dass heutige Kinder mit Reizen überfüttert sind und deshalb nur noch auf starke Stimulation, möglichst ausgefallen, reagieren und dann auch nur kurzfristig?

Was Erwachsene und Kinder heute zu sehen, hören, riechen und schmecken bekommen, übersteigt alles bisher Dagewesene. Wissenschaftler können belegen, dass die über alle Reizeingänge erfolgende Reizüberflutung zu einer reduzierten Sensibilität, zu einer verminderten Reaktionsbereitschaft des jeweils für die Verarbeitung zuständigen Gehirnareals führt. Immer mehr neuartige Reizsituationen müssen angeboten werden, um das Erregungsniveau – auf Außenreize angewiesen – aufrechterhalten zu können. Nachgewiesen ist dies bereits für die Bereiche Geruch, Gehör, Sex und Geschmack. In all diesen Bereichen brauchen unsere „neuen" Gehirne immer stärkere Reize, um aktiv zu werden. Gut untersucht und mit Zahlenwerten belegt ist die Veränderung bei den geschmacklichen Basisdimensionen „süß", „salzig", „sauer", „bitter", die unser Geschmacksempfinden steuern.

- Um „süß" zu schmecken, war 1986 ein um 29 % stärkerer Reiz notwendig als 1971;
- um „salzig" zu schmecken, ein um 44 % stärkerer Reiz als 1971;
- um „sauer" zu schmecken, ein um 60 % stärkerer Reiz
- und um „bitter" zu schmecken, ein um 100 % stärkerer Reiz.

Regen diese Ergebnisse nicht zum Nachdenken an? Wir müssen uns entscheiden: wollen wir noch mehr Reizangebote oder eine dem Menschen vielleicht angepasstere Beschränkung auf etwas weniger „Sinnesbeschuss"? Die oben genannten Beobachtungen zum veränderten kindlichen Spielverhalten lassen sich mit diesem Entwicklungstrend erklären. Hierher gehören auch die relativ neuartigen Erfahrungen, dass mit den gewohnten Schulmethoden die immer intensiver werdende Langeweile und die pädagogisch gefürchteten Abstumpfungstendenzen der Jugendlichen nicht mehr aufgefangen werden können.

Was heißt es denn eigentlich, kann man einwenden, nicht mehr richtig spielen zu können? Was ist denn daran so dramatisch? Hauptsache, die Kinder werden in der Schulzeit aktiv:

- Es bedeutet die Einbuße der Erfahrung, agieren und reagieren zu können, sich für lebenskompetent zu halten, eine Erfahrung, die für jedes Alter wichtig ist, um sich stark zu fühlen.
- Es bedeutet außerdem die verspielte Chance, sich durch Spielen Genuss und Eigenbelohnung zu verschaffen, zu erleben, dass man sich selbst auf vielfältige Art glücklich machen kann.
- Es ist die keinem Kind zu wünschende Erfahrung, dass es ihm nur gutgeht, wenn der Anstoß hierzu von außen kommt; wenn es erlebt, dass der Anlass, sich wohlzufühlen, immer durch jemand oder etwas anderes kommt, nie durch sich selbst und dass man sich diesen Anlass am besten schenken lassen oder kaufen muss. Und spätestens dann sind Konsumrausch und Suchtverhalten gefährlich nahe.

3.2.2 Mal gar kein „Zeug", nur meine Ideen

Pädagogen sind nicht – wie oft ironisch vermutet – am Ende ihrer Weisheit angekommen, wenn sie für die Erfahrung spielzeugfreier Zeiten im Kindergarten plädieren. Im Gegenteil, sie haben mehr begriffen, sind weiser geworden, denn sie haben förderliche, präventive Zusammenhänge erkannt. Spielzeugfreie Erfahrungszeiten regen Fantasie und Kreativität an und befähigen Kinder zum Handeln. Außerdem erweisen sie sich als ein wertvoller Aspekt im Präventionsverständnis gegen Konsum und Sucht.

Inwiefern sollten Kinder, denen Spielzeug, also Lernmaterial, vorenthalten wird, besser auf das Leben vorbereitet sein?

Zur Beantwortung dieser Frage müssen wir einen kurzen Ausflug in die Arbeitswelt machen.

Was muss man heute lernen, um auch morgen noch als Arbeitskraft gebraucht zu werden, um für attraktive Arbeitsplätze geeignet zu sein? Eine sehr wichtige Frage, denn auch hieran sollte sich unsere pädagogische Zielsetzung ausrichten.

Schlüsselqualifikationen heißen die neuen Anforderungen der heutigen Arbeitswelt. Gemeint ist damit, über ein Bündel unterschiedlichster Schlüssel zu verfügen, mit denen man viele Türen öffnen kann. Die Voraussetzung sind geistige Flexibilität und gedankliche Mobilität.

Und das soll in der verschärften Arbeitsmarktsituation eine Hilfe sein, ein Vorteil im harten Konkurrenzkampf um attraktive Arbeitsplätze? Ja, denn am Ende der Ausbildung im Besitz genau jener fachübergreifender Qualifikationen zu sein, die am Arbeitsmarkt gesucht sind, verspricht dem Einzelnen Erfolg. Die gewaltigen technologischen Entwicklungsschübe der letzten Jahre, neue Formen der Arbeitsorganisation sowie die ökonomischen Veränderungen auf Grund des ständig härter werdenden internationalen Wettbewerbs machen Vorhersagen über konkrete Kenntnisse und Fertigkeiten, die Arbeitnehmer in Zukunft brauchen werden, immer schwieriger. Die neu geforderte Qualifikation muss also genau in der Fähigkeit bestehen, sich allen auftauchenden Anforderungen flexibel zuwenden und sie selbständig bewältigen zu können. Das heißt, auf Unerwartetes reagieren zu können, mit spontanen Ereignissen zurechtzukommen und nicht aufzugeben, sondern nach Alternativlösungen zu suchen, wenn bekannte Wege nicht zum Ziel führen.

Also keine spezielle Fachkompetenz, sondern eher eine allgemeine Denk- und Handlungsfähigkeit, die es möglich macht, sich relativ autonom und souverän gegenüber wechselnden Anforderungen zu verhalten. Dazu gehören:

- eine eigene Lernbereitschaft (Leistungsmotivation);
- die Erfahrung, mit vielen Situationen zurechtgekommen zu sein (heuristische Kompetenz, siehe Kap. 4.1.2);
- Umstellungsfähigkeit (Flexibilität) statt Unbeweglichkeit aus Angst vor Neuem;
- Vernunft, Logik und Analysefähigkeit, also Übung im Durchdenken von Prozessen, im Verstehen von Zusammenhängen und beim Ergründen von Fehlern (Rationalität);
- Problemlösungsfähigkeit, Konfliktlösungsstrategien als „Zaubermittel" überhaupt, denn Menschen, die angesichts von Problemen und Konflikten nicht kneifen, aber auch nicht ausrasten, sondern Lösungen in Angriff nehmen, sind in allen Teams herzlich willkommen.

Eigentlich reichen die Erfolge spielzeugfreier Zeiten im Kindergarten selbst bereits aus, um diese Projekte zu befürworten, doch angesichts elterlicher Angst vor dem Versagen ihres Kindes in der Zukunft können Argumente aus der Arbeitswelt doppelt überzeugend wirken.

Was bringt „spielzeugfrei"? Es gibt gute Darstellungen über die Arbeit im Kindergarten ohne Spielzeug, die eine Vorbereitung des Teams, der Eltern und natürlich auch der Kinder, sich auf das Neue einzulassen, wesentlich erleichtern und zum Gelingen beitragen.

Wir möchten hier vor allem die Komponenten aus diesem Konzept in den Vordergrund stellen,
– die dem Kind vermitteln, dass es mehr kann, als es bisher
  geahnt hat;
– die es ihm erleichtern, Konsumgütern besser zu widerstehen,
  da sich der Verzicht darauf nicht als Problem herausstellt, und
– die ihm das Gefühl geben, sozial kompetent, unter seinen
  Kameraden anerkannt und beliebt zu sein.
Kommen Eltern das erste Mal mit dem Projekt „spielzeugfrei" in
Berührung, reagieren viele zuerst verunsichert, weil sie sich nicht
vorstellen können, was jetzt im Kindergarten passieren und womöglich Auswirkungen auf ihr Familienleben haben wird. Kinder sind auch zuerst einmal fassungslos und fragen mehrmals
nach, ob das denn wahr ist, dass dann keine Spielsachen mehr
in den Schränken und Ecken zu finden seien und dass auch keine
von zu Hause mitgebracht werden sollen. Ganz ängstliche müssen sich sogar rückversichern, dass das Haus und der Garten stehen bleiben, es auch weiterhin ein Vesper gibt und keine Erzieherin weggepackt werden wird. Zwar kein Spielzeug mehr, aber
weiterhin Kinder und Erzieherinnen, aha! Wenn diese Rahmenbedingungen klar sind, kommen die ersten kreativen Ideen. Und
sicher fällt einem Kind dann ein, dass, wenn keine Spielsachen
mehr da sind, auch keine Spielsachen mehr aufgeräumt werden
müssen. Die Sache lässt sich gut an! Spätestens bei den großen
Wegräumaktionen („Was, die Teddys auch!") sind alle mit Begeisterung dabei, funktionieren das Ganze zum Spiel um und
bringen die Kuscheltiere ins Bett für einen langen Schlaf. Etwas
Neues steht an, aber sicher ahnen sie noch nicht, dass sie nun
auf ihre eigenen Ideen angewiesen sein werden. Jetzt können sie
ihre Spielsituationen selbst gestalten und tatsächlich auf den Verlauf des Projekts korrigierend oder verstärkend Einfluss nehmen.
    Es gibt keine Regelmäßigkeit, schon deshalb, weil jede spiel-
zeugfreie Zeit in jedem Kindergarten anders, ganz individuell,

aussehen wird. Allen spielzeugfreien Zeiten in Kindergärten gemeinsam sind nur das Herausnehmen von Spielzeug, das Streichen von Angeboten, der ersatzlose Wegfall bereits vorstrukturierter Lösungen und die verhältnismäßig leeren Räume. Doch fast überall beginnt alles damit, dass alle Kinder zu toben und zu rasen beginnen. Auch die, die sonst nie toben und rasen sind hier früher oder später dabei. Laut wird es anfangs auch. Das muss man wissen, denn hier besteht die erste echte Gefahr, dass die Erzieherinnen ordnend, beruhigend und mit Alternativvorschlägen eingreifen. Natürlich darf niemand im Getöse und Gewimmel unter die Räder kommen, aber das Jagen und Toben, also extreme motorische Aktivität, sind ein gut nachvollziehbarer und wahrscheinlich auch wichtiger Versuch, die Erregung angesichts der neuen Situation abzubauen und die Leere der Räume wieder zu füllen, sie sozusagen motorisch und akustisch zurückzuerobern.

Auf diese Phase der Unruhe folgt oft eine erste Inventur. Was ist uns geblieben:

- die Räume, der Garten;
- die anderen Kinder, die Erzieherinnen;
- vielleicht leere Regale oder andere Möbelstücke;
- Matratzen, Polster, Tücher, Stoffe, Papier …;
- im Freien Sand (überall), Erde, Steine, Holz, Wasser (eher selten), usw. Alleine Sand bietet im Lauf des Jahres die verschiedenen Erfahrungen: Er rieselt wie Zucker und lässt sich kaum formen, wenn er trocken ist, er ist heiß durch die Sonne, im Herbst ist er feucht und kalt und fast rau für die Hände;
- die Möglichkeit, selbst Exkursionen zu planen, um sich Notwendiges zu beschaffen, eine Chance, die sonst viel zu selten genutzt wird.

Die ersten Kuschelecken entstehen, Geschichten werden erzählt, Rollenspiele sind zu beobachten und viele, viele Gespräche mit brainstorming-Charakter. Die Kinder motivieren sich gegenseitig, die Idee eines Kindes baut auf der Überlegung eines ande-

ren auf, was bei einem dritten Kind einen Gedankenblitz her-
vorruft. Teams entstehen, z. B. auch zwischen Kindern, die in
der Spielzeugzeit nichts oder so gut wie nichts miteinander zu
tun hatten. Die Fantasiereichen tun sich zum Pläneschmieden
zusammen, die mit Sinn für praktische Umsetzung werden hin-
zugeholt, um zu kooperieren. Der Kontakt zwischen den Kindern wird intensiver.

Die Mädchen führen ihre Rollenspieltradition auch unter den
veränderten Bedingungen einfach weiter. Für sie ist das kein Problem, für die Jungen viel eher, da sie gewohnt sind, weniger über
Sprache als über Spielzeug miteinander in Kontakt zu treten.
Deshalb toben sie etwas länger und verfallen recht schnell in einen Spielzeugherstellungsrausch. Aber auch die Mädchen betei-
ligen sich daran, aus Holz, Erde, Papier und vielem anderem Gegenstände herzustellen, die sie an ihr altes Spielzeug erinnern.
Doch jetzt ist die Produktion, schon alle Vorüberlegungen und
Planungen, das eigentliche Spiel. Das Endprodukt erfreut, wird
genossen und eingesetzt, aber eigentlich beginnen schon die Vor-
arbeiten für das nächste Vorhaben. Kein Aufwand ist für die
Durchsetzung der eigenen Ideen zu groß. Es wird angestrengt ge-
arbeitet, die Anstrengung durch Glücksgefühl belohnt. Vieles ist
viel aufwändiger als zuvor, da dauernd etwas entschieden werden
muss, mehr Regeln untereinander aufgestellt und eingehalten
werden müssen und mehr Rücksicht voneinander verlangt wird.

- Es ist eine wichtige Entscheidung, was mit den letzten zwei
  Holzbrettern gemacht wird. Wer weiß, wann und woher es
  wieder welche geben wird?
- Und ohne Regeln geht es nicht, wenn zwei Gruppen Wasser
  brauchen, aber nur ein kaputter, eingedellter Ball, zufällig
  unter der Hecke gefunden, zum Wassertransport zur Verfügung steht. Dieser Ersatzeimer ist jetzt so wertvoll geworden, dass er jeden Nachmittag ins Schatzversteck gebracht
  werden muss.

■ Ohne Zweifel muss auf unterschiedliche Pläne Rücksicht genommen werden, wenn Lisa und Mattes Vögel beobachten
wollen, die Gruppe von Indianer Kevin aber auf Büffelhetz-
jagd geht.

Man muss miteinander reden, sonst läuft nichts. Es fällt allen
Beobachtern von spielzeugfreien Gruppen auf, dass sich das
Sprachverhalten der Kinder sehr schnell ändert. Alle haben
mehr Zeit und es gibt mehr zu besprechen, da die Kinder viel
mehr Interesse am Tun der anderen haben. Früher reichte ein
Blick, um festzustellen: „Ah ja, Maren und Lotti spielen Memo-
ry", jetzt muss man genau schauen und fragen, was hier abläuft,
da es wirklich spannend ist, vielleicht sogar die Voraussetzung
ist, um selbst weiterspielen zu können. Fortschritte bei mühe-
vollen Versuchen faszinieren alle, alle möchten auf dem Laufenden gehalten werden, wenn irgendwo ein schwieriges Unternehmen in Angriff genommen wird. Die Wahrscheinlichkeit, dass
jemand mitten im Gespräch wegrennt, um irgendetwas anderes
zu machen, ist viel geringer geworden, da erst das gemeinschaft-
liche Gespräch klärt, wie man überhaupt weitermachen kann.
     Die Kinder sind sich selbst der gewachsenen Bedeutung der
sprachlichen Kommunikation durchaus bewusst, denn warum
sollten sie sonst auf regelmäßigen Gruppenkonferenzen bestehen,
Moderationstechniken – und zwar funktionierende – einführen
oder verbale Durchsetzungsstrategien entwickeln; all dies ist häufig zu beobachten. Allerdings muss man stärker auf ausländische
Kinder achten, die auf Grund ihrer geringeren Sprachkenntnisse
nicht so richtig mithalten können und sich deshalb gelegentlich
mit Kindern der eigenen Sprachgemeinschaft zurückziehen, was –
kommt es zu häufig vor – zu einer Ausgrenzung führen kann.
     Der Einwand, dass der spielzeugfreie Kindergarten nur die
Kinder fördert, die ohnehin kreativ, selbstbewusst und kompetent sind, trifft nicht zu. Gerade jüngere und schüchterne Kin-

der bekommen hier ihre Chance, denn alle haben mit der neuen
Situation keine Erfahrung, für alle bedeutet sie einen Neustart.

- Gerade als neues Kind darf man auch mal nichts tun, nur beobachten und zuhören, ohne sofort angesprochen und auf
das Nichtstun – Peinlichkeit oder gar schlechtes Gewissen
erzeugend – hingewiesen und vor die entsetzlich schwierige
Wahl gestellt zu werden, ausschneiden, ein Bilderbuch anschauen oder ein Puzzle legen (mit Tobias? Hannah? Oder Olli?) zu müssen.

- Noch gibt es keine Traditionen und starren Positionen, an denen keiner zu rütteln wagen würde. Niemand kann sich mehr
hinter seinem Spezialspielzeug verstecken, um nicht auch einmal etwas anderes probieren zu müssen.

- Das schüchterne Kind steht nicht mehr vor der oft zu großen
Hürde, ein anderes direkt ansprechen zu müssen; jetzt, wo
alle nach einer Lösung suchen, kann es durch eine gute Idee
auf sich und seine Bedeutung für die Gruppe aufmerksam
machen. Natürlich wäre diese Strategie auch im „Spielzeug-
Kindergarten" einzusetzen, doch hätte sich dort viel seltener
die Möglichkeit ergeben, beispielsweise mit Max direkt in
Kontakt zu kommen, da dieser souverän mit weiteren Spezialisten gebaut hätte. Viele Formen der Kontaktaufnahme
werden möglich. „Sag mal, Max, hast du nicht nach einer
Schnur gesucht? Schau, mit den alten Gräsern kann man
auch etwas zusammenbinden."

- Ruhige Kinder, so richtige Forschernaturen, kommen nun
auf ihre Kosten und zu ihrer Anerkennung, wenn sie mit
der ihnen eigenen Beharrlichkeit Experimente bis zum erfolgreichen Ende durchführen.

- Für ängstliche Kinder entfallen einige bisher gewohnte Angst-
momente: Es gibt keinen Streit mehr um begehrtes Spielzeug
und die jeweiligen Spezialecken, Bauecke, Puppenecke usw.
sind nicht immer von denselben Kindern besetzt, ja, blockiert.

Auch die Erzieherinnen werden ganz neu erlebt und wieder viel spannender, denn auch sie wissen morgens nicht, wo die Gruppe am Spätnachmittag angekommen sein wird. Sie sind nicht mehr die professionellen „Anregungsproduzenten" und „Ideengoldesel", die großen Planer und Allesretter. Sie sind interessiert, immer da, gesprächsbereit, machen mit und haben Zeit. Das fasziniert die Kinder am meisten. Endlich gibt es Zeit im Überfluss. Da keiner den Ausgang der Unternehmungen kennt, hat auch keiner eine zeitliche Vorstellung davon, wie lange etwas zu dauern hat, und wann man abbrechen oder sich beeilen muss, um noch das oder jenes machen zu können, was ja dringend für einen Erfolg nötig wäre.

Am auffälligsten sind diese Veränderungen am Essen festzumachen. Vorher wurde eben zwischen den Spielen gevespert, ganz selten einmal zusammen gebacken oder geschnitten und gemeinsam das Produkt verspeist, so dass Spielen, Essensvorbereitung und Essen nahtlos ineinander übergegangen sind. In der spielzeugfreien Zeit bekommt das Essen, vor allem das gemeinsame Essen, einen Genusswert als eigene Tätigkeit. Jetzt wird Essen angeboten und ausgetauscht, Kinder machen ein Spiel daraus und bewirten sich wie im Gasthof, man macht es sich gemütlich und verwöhnt sich und andere. In dieser Spiel-Ess-atmosphäre entstehen spannende Diskussionen über Essgewohnheiten und über familiäre und kulturelle Unterschiede. So kann es zu einer Variation des „alten" Spiels kommen: „Ich sehe was, was du nicht siehst": „Ich kenne eine Frucht!". Und ganz schnell muss im Obstbuch nachgesehen werden, ob Granatäpfel außen immer so hart sind.

Unzählige Möglichkeiten tun sich auf, Neues zu erproben, sich zu bewähren, sich wohlzufühlen und zu stärken. Für die Erzieherinnen natürlich auch; Sie haben die Chance, jetzt Ihre Arbeit ganz neu zu betrachten und zu überdenken, vielleicht von manchen festgefahrenen Strukturen Abschied zu nehmen und ganz neue Beziehungen zu den Kindern zu entwickeln.

Zum Weiterlesen:

Schiffer, E. (1999): Warum Huckleberry Finn nicht süchtig wurde. Anstiftung gegen Sucht und Selbstzerstörung bei Kindern und Jugendlichen. Beltz Quadriga, Weinheim.

Becker-Textor, I.; Schubert, E.; Strick, R. (Hrsg.) (1997): Ohne Spielzeug. „Spielzeugfreier Kindergarten" – ein Konzept stellt sich vor. Herder, Freiburg.

3.3 Ich will raus

Der Biologe Edward Wilson schreibt in seinem Buch „Biophilia", dass bestimmte Aspekte der unverfälschten Natur die Eigenschaft hätten, den Menschen glücklich zu stimmen. Ein künstlicher Ersatz hierfür würde dies niemals schaffen.

„Die Menschen können, äußerlich normal, in einer Umwelt aufwachsen, in der Pflanzen und Tiere weitgehend verbannt sind, genau wie ganz passabel aussehende Affen in Laborkäfigen gehalten und Rinder in Futterbehältern gemästet werden können. Fragte man sie, ob sie glücklich seien, antworteten sie wahrscheinlich mit Ja. Doch etwas Lebenswichtiges fehlte, nicht nur ein Wissen und eine Freude, die man sich vorstellen kann und die einem vorenthalten blieben, sondern ein weiteres Spektrum von Erfahrungen, auf die das menschliche Gehirn besonders gut abgestimmt ist. Dessen bin ich sicher, und ich biete es als Rat an: Wie im Weltall sind auch auf der Erde gemähter Rasen, Topfpflanzen, gefangene Wellensittiche, junge Hunde und Gummischlangen nicht genug." (Übersetzung nach D. E. Zimmer: Der Garten Eden. Persönliche Mitteilung)

3.3.1 Natur aus erster oder aus zweiter Hand erleben

Wie viele Naturerlebnisse brauchen Menschen, vor allem Kinder, damit ihnen keine für ein befriedigendes Naturerleben wichtigen Entwicklungsimpulse fehlen?

Auf diese spannende, bislang recht selten gestellte Frage werden wir gleich zurückkommen und auch über eine Antwort nachdenken. Doch zuerst ist es vielleicht nicht uninteressant zu überlegen, welche Beobachtungen Anlass gaben, einen Zusammenhang zwischen Naturerleben und einem stark machenden Entwicklungsverlauf zu vermuten.

Als die Europäische Gesellschaft für Kinder- und Jugendpsychiatrie im September 1999 in Hamburg tagte, war das Kongressfoyer mit den prämierten Bildern eines Malwettbewerbs geschmückt. Europäische Schulkinder hatten die Aufgabe bekommen, die Welt so zu malen, wie sie sich diese in 75 Jahren, also in der durchschnittlichen Spanne eines Menschenlebens, vorstellen. Gemäß dem Thema zeigte die Ausstellung kindliche Visionen einer erahnten Ferne:

Das Leben hat sich auf vielen Bildern in den Himmel erhoben, sozusagen aus dem Staub gemacht, und findet nun auf vielen Ebenen zwischen Himmel und Erde statt. Mobilität ist angesagt, überall gibt es Raumschiffe und Flugautos, die neue Horizonte eröffnen und sich von der Erde verabschieden. Sie bewegen sich zusammen mit fliegenden Skateboardfahrern auf Luftstraßen und müssen trotz der hinzugewonnenen dritten Dimension an Luftampeln Halt machen und auf Verkehrsschilder achten. Ein Kind hat seinem Zukunftsmenschen Düsen auf den Rücken geschnallt, um dem auf vielen Bildern bedrohlich erscheinenden Erdboden als „Rocket-Man" zu entkommen. Was wirkt bedrohlich? Brennende Häuser, verschmutzte Luft, eine verdunkelte Sonne, öde Hochhausghet-

tos und gentechnisch veränderte Monster mit Saurierschup-
pen, die durch die Luft geistern und ihre Eckzähne blecken.
Schreien sie oder wollen sie gerade zubeißen? Aus Bäumen werden Antennen, Masten und Schirme, die Schatten spenden.
Zeit zu gehen.
Doch viele junge Künstler setzen auch Kontrapunkte in ihre
Werke. Begrünte Hochhausdächer, riesige bunte Dekorations-
blüten, ein Storch bringt eine frohe Botschaft inmitten einer
Betonwüste. Die Technik erlaubt allen, sich in die Lüfte zu erheben und der Schwerkraft zu trotzen, man geht nicht mehr
einkaufen oder zur Arbeit, man fliegt. Moderne Kommunikati-
onsanlagen ermöglichen grenzenlosen Informationsfluss. Alles
ist anscheinend miteinander vernetzt; offensichtlich dringend
notwendig, da Menschen, gar miteinander kommunizierende,
die absolute Ausnahme auf den Bildern darstellen. Manchmal
sind die Menschen am Bildrand zur strukturlosen Masse ver-
kümmert. Die Aussagen der Kinder schwanken, technische Er-
rungenschaften werden teils ängstlich, teils mit Spannung erwartet. Immer schwingt eine Portion Skepsis mit.
Während die männlichen Künstler sich vor allem mit der
immer weiter fortschreitenden Technik beschäftigen, wenig
Natur und noch weniger Menschen zeigen, stellen die Malerin-
nen bevorzugt magisch-fantastische Visionen vor. Verzauberte
Märchenlandschaften, angefüllt mit Menschen, Pflanzen und
Wasserfällen. Ein vor Übermut strotzendes Mädchen fliegt
Purzelbäume schlagend durch die Welt und katapultiert sich
aus eigener Kraft in die Zukunft, die Gestirne über ihr strahlen
vor guter Laune. Doch auch hier Skepsis: Das Wirbelkind fliegt
mitten in ein Fragezeichen und nimmt auf seiner unsicheren
Reise lieber ein Stück Kindheit mit, den Teddy hat es fest unter
den Arm geklemmt. Ein anderes Mädchenbild ist voll Opti-
mismus: Frieden herrscht zwischen Mensch und Tier, alle Kulturen glücklich zusammen, Dinosaurier und Wal vereint. Ein

Junge fällt aus dem von Technik dominierten „Jungen-Rah-
men" und malt ein buntes Bild voller Leben: Ein skeptischer
Optimist, denn er fügt den Satz hinzu: „If we help this will
happen".

Für viele Kinder scheint Natur mit Wiesen, Feldern, Wald, Flüs-
sen und Seen keineswegs auch zukünftig selbstverständlich zu
unserem Leben zu gehören. Für sie ist es ohne weiteres denkbar,
dass die Technik mit ihren Erzeugnissen die Natur verdrängt,
vielleicht gar nicht absichtlich, sondern einfach nur, weil kein
Platz mehr für sie übrig bleibt. Aus dieser Zukunftsvorstellung
darf man sicher nicht Wünsche oder Sehnsüchte der Kinder ab-
lesen, es sind nur Rückschlüsse auf ihre tagtägliche Erfahrung
möglich, dass immer mehr Gärten neuen Häusern, Wiesenflä-
chen neuen Straßen und alte Bäume neuen Parkplätzen weichen
müssen. In ihren Zeichnungen bringen sie zum Ausdruck, dass
sie diese Entwicklung für kaum aufhaltbar halten.

Einen weiteren Aspekt gilt es in diesem Zusammenhang zu
bedenken: Lässt man Jugendliche in Experimenten theoretisch
zwischen Landschaften von Naturparks, Aufnahmen von Freizeitparks und Darstellungen computersimulierter Erlebnis-
touren wählen und fragt sie, wo sie am liebsten wären, so liegen
Freizeitparks sowie digitale Abenteuerwelten auf dem Computer nahezu gleichauf ganz vorn. Weit abgeschlagen ist der
Wunsch nach echten Naturerlebnissen, wirklich „draußen" zu
sein. Künstlich geschaffene Erlebniswelten locken mehr, wirken
attraktiver. Warum?

Ein Grund, der nicht unterschätzt werden darf, ist sicher die
theoretische Befragungssituation im Unterricht oder anlässlich
eines Jugendtreffens, die das Ergebnis leicht verfälschen könnte.
Würden die Jugendlichen zur Befragung bereits mitten in einem
naturbelassenen Wald stehen, diesen hören und nassen Waldboden riechen, darf man annehmen, dass sich sicher einige

mehr für dieses Ziel entschließen würden. Bedenkenswert bleibt
dieses Ergebnis trotzdem, denn Freizeitpark und Computerspiel
stehen ihnen einfach näher, sind ihnen tatsächlich vertrauter,
leichter in ihrer Vorstellung zu aktivieren. Simulierte Natur
kommt übernormalen Attrappen gleich, denn so tiefe Schluch-
ten, so steile Berge, Wasserfälle in tropischen Urwäldern in direkter Nachbarschaft mit Eisbergen, also eine Naturattraktion neben der anderen gibt es in der Wirklichkeit nicht. Der echte
europäische Wald ist so weit weg von den Jugendlichen, es fehlt
ihnen an wieder abrufbaren Sinneswahrnehmungen zu Lichtun-
gen, Tannen, Wiesen, zu Heu oder zu Sandboden. Vielen Kindern und Jugendlichen ist ihre sie umgebende Natur nahezu unbekannt, sie kennen Wale und Eisbären aus dem Fernsehen
besser als Igel und Eichhörnchen aus dem Stadtwald. Natürlich
liegt das auch an den heutigen Lebens- und Wohnbedingungen:
Selten können Kinder gefahrlos ohne Aufsicht draußen auf der
Straße spielen, viele leben in Siedlungen mit großen Wohn-
blocks, ohne dass ein Garten zum Spielen einlädt, und die
nächste Wiese oder der nächste Wald sind nur mit einigem Aufwand zu erreichen.

Es liegt aber auch an der Freizeitgestaltung der Familien. Werden Ausflüge hinaus in die Natur gemacht oder eher nicht? Und
ähnlich im Kindergarten: Schauen wir eher Bilderbücher oder
Dias an oder gehen wir mit den Kindern regelmäßig hinaus, um
die Natur zu erkunden, den Jahreslauf mit seinen Veränderungen
wahrzunehmen, auch wenn's regnet, kalt und matschig ist?

Übrigens können manche Naturerlebnisse auch in der Stadt
gemacht werden, man muss nur aufmerksamer unterwegs sein:
Die ersten fliegenden und summenden Bienen als Frühlings-
boten an den Weidenkätzchen, die ersten grünen Blüten- und
Blattknospen sehen, das neu sprießende Gras fühlen oder riechen, wie sich der Herbst ankündigt und der Boden kälter wird.
Heute haben unsere Kinder und Jugendlichen aber oft noch zu

wenig wirklichen Kontakt mit der Natur gehabt und noch zu wenig erlebt, was die Natur ihnen bieten kann: Schönheit, Überraschung, Erlebnis, Abenteuer, Spannung, Anregung, Herausforderung, Erfolg, Glücksgefühl, Wohlbefinden, Entspannung. Fragt man sie nach ihren Naturerlebnissen, hatten sie keine oder haben diese durchweg als anstrengend, nervend und stressig empfunden. „Nirgendwo gab es etwas zu essen!", „Das hat mich total ausgebufft, ich hab nur noch gedacht: nix wie weg!", „Das bringt nichts, total langweilig!"

Vielen reicht bereits die Tatsache aus, sich Ausflüge anstrengend vorzustellen, um engen Naturkontakt dankend abzulehnen. Auffallend oft wird auch Angst genannt, die Angst vor dem Wald, vor hohen Gräsern, die an den Beinen kratzen, Angst vor Regen, der Dunkelheit, Angst davor, sich zu verlaufen, schwitzen oder frieren zu müssen. Sie haben keinerlei Lust, auf rutschigen, matschigen Boden, stinkende Erde, lästige Stechfliegen, nasses Gras und Wurmzeug, womöglich noch Spinnen.

Angesichts dieser Ergebnisse scheint irgendwann im Leben eines Kindes – salopp ausgedrückt – der Zug für Naturenthusiasmus abgefahren zu sein. Langfristige Untersuchungen zur genaueren Erforschung dieses Entwicklungsverlaufs stehen noch aus, doch zeigen vielfältige erste Ergebnisse, in welchen Richtungen wir nach Ursachen für diese Art Fehlentwicklung suchen müssen.

 Halt! Ist es denn überhaupt eine Fehlentwicklung, mit der Natur nichts anfangen zu können, davon auszugehen, sie nicht zum Lebensglück zu brauchen? Einmal ganz davon abgesehen, dass wir ohne „Natur" nicht überleben könnten, bedeutet die Tatsache, die Natur nicht als gewinnbringenden Lebensraum zu erfahren, eine Einschränkung der Lebensqualität. Denn in der Natur kann man sich austoben, Bewegungsfreude ausleben, wieder ruhig werden, durchatmen, sich sammeln, zu sich finden und gedankliche wie körperliche Höchstleistungen vollbringen.

Über diese Erfahrung im Spektrum seiner Handlungsmöglichkeiten nicht verfügen zu können, bedeutet, über eine wesentliche Selbstregulations- und Glücksressource nicht verfügen zu können. Hier zeigt sich ein gefährlicher Ansatzpunkt für den Versuch, durch Ersatz ähnliche Befriedigungen zu erleben. Natur nicht anzubieten wurde als massives Erziehungsversäumnis erkannt.

Müssen Kinder aber überhaupt zur Naturbegeisterung erzogen werden, muss man wirklich lernen, die Natur zu lieben? Ist es nicht vielleicht natürlich, allen Menschen von Anfang an in den Genen mitgegeben, ins Freie zu streben und möglichst viele Naturerfahrungen aufzunehmen, als befriedigende Sinneswahrnehmungen zu speichern, sie im Bedarfsfall wieder aufzusuchen und erneut ihren belohnenden Genuss erleben zu können?

Unser Wissensstand ist in diesem Bereich noch nicht ausreichend, doch wissen wir bereits genau, dass es auch hier nicht so einfach geht, dass wir alles dem Entwicklungsverlauf überlassen können nach dem Motto: es wird sich schon zurechtwachsen. Wir kennen das Prinzip z. B. vom Sprechenlernen: Eine noch so perfekt gemachte Nachrichtensendung mit einem geschulten Sprecher kann einen Säugling nicht dazu bewegen, mit dem Sprechen zu beginnen. Der unbekannte Profisprecher spricht ihn einfach nicht an. Es ist die mit dem Säugling aufgebaute Gefühlsbeziehung, die diesen veranlasst, auf den Sprechenden zu achten. Nur ein vertrautes Gesicht vermittelt ihm die Emotionen, die mit den Sprachlauten verbunden sind; erst die Kombination mütterlicher Mimik mit den jeweiligen akustischen Wahrnehmungen bereiten den Säugling auf den Spracherwerb vor. Der zugewandte Interaktionspartner ist hier der nötige Impuls.

Wie beim Körpergefühl, um ein weiteres Beispiel zu nennen, von dessen Entstehung wir bereits gehört haben, sind auch Impulse von außen nötig, um eine Beziehung mit der Natur aufbauen zu können. Das biologische Programm für gewinnbringendes Naturerleben braucht Starthilfen, sonst droht eine „natürliche" Deprivation. Dass dieser Punkt einmal ein Problem darstellen könnte, war im Konzept der Evolution unvorstellbar. Automatisch von Natur umgeben zu sein, immer die Möglichkeit zu haben, sie mit allen Sinneskanälen wahrzunehmen und zu erfahren, war für 99 % unserer bisherigen Menschheitsgeschichte ganz selbstverständlich. Kinder ohne Natur groß werden zu lassen, ist eine keineswegs erstrebenswerte künstliche Erscheinung der Neuzeit, die nicht in Einklang mit unseren Entwicklungsbedürfnissen zu bringen ist. Den Preis hierfür können wir bislang nur erahnen. Wer nicht weiß, wie man sich in Feld und Wald Befriedigung und Wohlbefinden verschaffen kann, beim Spielen und Laufen, beim Faulenzen und Träumen, beim Beobachten von Tieren, beim Entdecken von Pflanzen, beim Klettern, Sammeln, Plantschen und Matschen, dem fehlt ein riesengroßes Reservoir an Möglichkeiten, auf die unsere „Gefühlsverarbeitung" offensichtlich besonders gut abgestimmt ist, um hierdurch schlechte Laune, Unlust und depressive Stimmungen loszuwerden.

Sicher entsinnen Sie sich an unsere Startfrage am Anfang des Kapitels: Wie viele Naturerlebnisse brauchen Menschen, vor allem Kinder, damit ihnen keine für ein befriedigendes Naturerleben wichtigen Entwicklungsimpulse fehlen? Sie brauchen viele, und diese immer wieder.

Das beginnt damit,
- von Mutter oder Vater durch Wald und Wiesen getragen zu werden;
- per Körperkontakt die elterliche Entspannung im Freien zu spüren;
- Bewegungsunterschiede auf Asphalt oder Waldboden zu erkennen;
- im Gras liegen und sich uneingeschränkt bewegen zu dürfen;
- Äste und Blätter gegen den Himmel zu sehen;

- Wetterunterschiede und ihre Auswirkungen geschützt mitzubekommen, sich dann beispielsweise nach einem Regenguss wieder aufzuwärmen mit einem heißen Holundersaft;
- Gerüche unterscheiden zu lernen
- und endet noch lange nicht damit, mit reizstarken Naturmaterialien umzugehen und von ihrer Vielfalt und Einsatzbreite überrascht zu werden.

Vor einem Spiel mit Erde, Matsch oder Ton Angst zu haben, Ekel vor dem Schmutzigwerden zu empfinden, sind Beobachtungen, die bei Kleinkindern immer häufiger gemacht werden. Es gibt immer wieder Kinder, die sich nicht trauen, mit geschlossenen Augen eine Taststraße entlangzugehen und in Sägemehl, Samenkörner, Heu und Pfützenmatsch zu fassen. Sind sie tatsächlich nur die eingeschränkten Reizerfahrungen ihres speziellen Babyspielzeugs gewohnt, ist ihnen alles andere fremd, nicht vertraut und wird deshalb abgelehnt? Oder wirken die direkten und indirekten Reaktionen der Eltern auf Dreck oder befürchtete Verschmutzung so stark hemmend, dass die Kinder dererlei Erfahrungen einfach auslassen? Das würde bedeuten, dass sie sich selbst Grenzen setzen und sich von sich aus einschränken. Das wiederum hieße, dass ihre Erziehung sie wichtiger Erfahrungen beraubt, ein Defizit, das im Kindergarten nach intensiven Vorbereitungsgesprächen mit den Eltern durch gezielte „Naturangebote" verringert werden kann.

3.3.2 Sehnsucht nach eigenen Abenteuern

Was hat Naturerleben mit Suchtprävention zu tun? Sehr viel, denn ein Mensch, der die Natur nicht schon als Kind als einen Ort zum Entspannen und Wohlfühlen, zum faul und aktiv sein können kennen gelernt hat, wird wichtige Erfahrungen zur Wiederholung in schönen Zeiten, aber auch zum Frustrationsabbau in schwierigen Zeiten nicht parat haben.

Ohne Natur leben zu müssen, kommt einer Deprivation gleich, ohne diese Erfahrungen weiß man nicht,
– dass man Wut auf einem Waldweg aus dem Körper rennen kann – natürlich nicht den Konflikt beheben, aber das dumpfe, einen rundum beherrschende schlechte Gefühl so loswerden kann;
– wie gut ein Spaziergang durch Wind und Wetter den Kopf wieder frei machen kann;
– wie schön und erholsam es ist, auf einen Berg zu steigen und rundum ins Tal zu blicken, Erregung und Glücksgefühle hierbei zu spüren;
– dass es etwas ganz anderes ist, einen See zu durchschwimmen, als Bahnen im Schwimmbad zu ziehen;
– wie herrlich es ist, gemeinsam eine anstrengende Wanderung zu machen und hieraus neue Kraft zu tanken;
– dass man nach einer Nacht im Wald ein neuer Mensch ist;
– wie nasses Laub, Himbeeren und Wildschweinsuhlen riechen, wie heiß Steine in der Sonne werden können, wie herrlich man auf Moos träumen kann und wie unvergleichlich gut selbst gesammelte Pilze schmecken;
– wie spannend es ist, Wildtiere in der Dämmerung zu beobachten, aus Holunderzweigen Pfeifen zu machen und Spuren zu lesen;
– wie man einen Unterschlupf nur aus am Waldboden liegendem Baummaterial bauen kann.

Viele Einrichtungen in städtischen Ballungsgebieten, aber nicht nur da, haben erkannt, wie wichtig das gemeinsame Hinausgehen in die Natur ist. „Wir gehen raus, um dort und noch Tage danach unsere Kinder mal ganz anders zu erleben. Freier, kreativer, angeregt, aber doch ruhiger!" Natur zu erleben, scheint uns Menschen etwas zu geben. Angesichts neuer Erkenntnisse kann man sagen, dass Naturerlebnisse ein Defizit füllen, das auf anderem Wege nicht zu füllen ist, wofür es keinen adäquat befriedigenden Ersatz gibt.

Kinder brauchen Aktivitäten im Freien, die sie herausfordern, sie brauchen den Kitzel, das Nervenzittern, sie brauchen Abenteuer. Ein bisschen riskant zu sein, macht eine Sache (oder ein Spiel wie in Kap. 4.1.1 beschrieben) besonders attraktiv. Dies zuzulassen, heißt zerstörerische und selbstgefährdende Elemente ausschließen zu können. Das haben die Gründer und Betreiber von Jugendfarmen und Aktivspielplätzen für ihre Altersgruppe von 6 bis 14-jährigen längst erkannt und beschrieben.

Unser Wissen über Vergleichbares bei Kindergarten-, wenn nicht sogar Krabbelkindern hinkt hier noch nach, vor allem gibt es Vorstellungsschwierigkeiten bei der Umsetzung dieser Abenteuerideen für die Jüngeren. Es geht vor allem darum, sich selbst und seine Aktivitäten sowie deren Konsequenzen intensiv erleben zu dürfen. Abenteuer dieser Art sind besonders in Waldkindergärten, aber auch bei Spielzeugfrei-Angeboten im Garten eines Regelkindergartens oder tatsächlich in freier Natur zu beobachten und ermuntern dazu, neue Angebotswege zu gehen.

So ganz neu sind die Wege allerdings doch nicht. Entwicklungspsychologen vermuteten schon vor über 50 Jahren, dass ein Kind in seiner kognitiven Entwicklung in der jeweils altersgemäßen Wahl seiner Spiele die Evolution des menschlichen Denkens rekapituliert, die verschiedenen Stufen der Menschwerdung bis hin zum heutigen Menschen nochmals durchläuft.

Folgendes haben Sie wahrscheinlich alle schon im Kindergarten oder in Ihren Familien gesehen, wenn Sie sich nicht sogar an Episoden aus ihrer eigenen Kindheit erinnern. Ist freies Spiel möglich, durchlaufen Kinder, ganz ohne Anleitung und ohne ein Nachahmungsmodell zu benötigen, die Stationen der Menschheitsgeschichte. Jäger und Sammler, Hirten, sesshaft werdende Ackerbauern und Viehzüchter, die das Feuer kontrollieren und für ihre Zwecke einsetzen können. In Gruppen aufgeteilt beginnt die Herstellung von Werkzeug und Gegenständen, Waren werden angeboten und getauscht, Wettbewerb und Kooperation wechseln sich von Spielphase zu Spielphase ab.

Wie sieht ein solcher im Kind angelegter Spielplan zum Verständnis der Welt genauer aus?

Tiere werden beobachtet, zu fangen versucht, erneut beobachtet, um mehr über ihr Verhalten zu erfahren, sie besser verstehen und dadurch leichter fangen oder zähmen zu können. Von Ameisen bis zu Vögeln können die Versuche reichen. Es gibt kein Kind, das nicht von Sammelleidenschaft ergriffen wird, und es gibt nichts, was man nicht sammeln könnte, spitze Blätter, schwarze Steine, Kastanien, Zapfen …, übrigens bis ins hohe Alter. Bald beginnen die Kinder, kleinere und hilflosere Wesen zu pflegen und sich um sie zu kümmern: Babyspielen, ein Tier haben und pflegen wollen, ein Gärtchen haben, ein echtes Baby füttern und wickeln. Dann kommt die Bautätigkeit hinzu: Verstecke suchen, Lager aufschlagen, Höhlen und Hütten bauen. Ganz wichtig ist das Festlegen von Plätzen zum Schlafen oder Essen und besonders wichtig für die Vorräte und Schätze. Die Nahrungszubereitung wird zunehmend spannender. Inzwischen wird alles hergestellt, verschiedene Handwerkstechniken werden erprobt, um Gegenstände des Lebens nachzubilden. Die Begeisterung für Feuer kommt auf. Waren werden zum Verkauf angeboten und getauscht, Handel entsteht. Mal versuchen die Kinder, allein erfolgreich zu sein, dann als Gruppe zu profitieren, mal miteinander, mal gegeneinander, beides kann sehr befriedigend sein.

All das sind Spielabenteuer, die zum Teil auch im Zimmer oder Hof ablaufen können, ihren besonderen Reiz aber in der echten Natur erhalten und übrigens auch uns Erwachsenen neue Erfahrungen ermöglichen.

Zum Weiterlesen:

Lang, T. (1995): Kinder brauchen Abenteuer. Ernst Reinhardt, München.

4 Spielen, der präventive Erfahrungsvorrat

Im Spiel lernt ein Kind die Welt und seinen aktiven Part darin kennen. Es merkt, dass es nicht nur mit ihr konfrontiert wird, ihr klein und machtlos gegenüber steht, sondern dass es mit ihr in Kontakt treten, sich mit ihr auseinander setzen kann. Dabei macht es die gute Erfahrung, Einfluss nehmen, selbst etwas bewirken zu können. Der Start für all diese erfolgreich erlebten Interaktionen ist das lächelnd reagierende Gesicht von Mutter oder Vater, mit dem ein Baby begrüßt wird, sobald ihre Blicke sich treffen.

Explosionsartig nehmen diese Erfahrungen zu. Was muss ein Kind empfinden, wenn es allein auf Grund seiner Ideen in der Lage ist, einen Vorgang möglich zu machen, ihn zu wiederholen, vielleicht sogar noch zu beschleunigen oder ein bisschen zu verändern? Es gibt ihm Stärke festzustellen, dass es dank seines Gedankenblitzes möglich war, etwas zu verhindern, was es nicht wollte; dass es ihm gelang, eine Aktion in eine andere Richtung umzuleiten, nur weil es sich daran erinnern konnte, dass ihm oder einem anderen Kind etwas Vergleichbares schon einmal gelungen war. So lernt es seine Freiräume und Möglichkeiten kennen, kann diese erweitern, aber genauso die Orientierung gebende Bedeutung von Grenzen erfahren.

Die Welt eines Kindes sind seine Eltern, Geschwister und immer mehr andere Kinder und Erwachsene. Zu seiner Welt gehören aber auch die Wohnung, der Garten, der Hof, die Wiese und der Wald. Überall kann ein Kind spielen. Aber nur, wenn es ihm gut geht. Und nur, wenn man es spielen lässt, zwanglos, ohne Beurteilung, ohne Angst haben zu müssen und Zurechtweisung oder Bestrafung zu befürchten; mit Spielzeug, aber vor allem mit dem, was es findet, was anderen auch wichtig ist. Dann wird betastet, umfasst und damit hantiert. Durch vielfältiges Ausprobieren sammelt das Kind Erfahrungen im Umgang mit Materialien, aber genauso auch im Umgang mit anderen Menschen. Mache ich zu viel Wasser an den Lehm, kann ich ihn nicht mehr kneten. Kommandiere ich die anderen Kinder zu schlimm herum, bedränge ich sie, dann darf ich nicht mehr mitspielen. Nach identischem Muster werden Konsequenzen von Handlungen und Verhalten begriffen. Sicherheit entsteht. Gezielte, bewusst eingesetzte Maßnahmen werden möglich. Alles zusammen dient als Beweis für Tatkraft. Ich kann viel mehr.

Im Spiel kann ein Kind in sich hineinhorchen, es kann Freude und Wut aus sich herausspielen. Im Spiel kann es sich seinen Ängsten nähern, die Rolle des Siegers und des Verlierers übernehmen, gut und böse sein.

Beim Spielen geschieht selbstbestimmtes Lernen. Es besteht ein direkter, konkreter Bezug zwischen dem Spielgegenstand und dem Spielenden. In dieser Beziehung ist alles zu finden, was man zum Lernen braucht: Interesse, Aufmerksamkeit, Spiellust, Eifer, Konzentration und Ausdauer. Das Ergebnis ist nicht eine leblose Wissensanhäufung, die, da ohne Bezug zum kindlichen Erleben, schnell dem Vergessen anheim fällt. Das spielende Kind hinterfragt, erforscht und durchdenkt sein Tun und seine Beobachtungen, sie bleiben ihm im Gedächtnis und stehen ihm so jederzeit wieder zur Verfügung. Das gibt ihm einen ungeheuren Schutz gegen die Gefühle der Hilflosigkeit und des Ausgeliefertseins, die zur Sucht führen können.

4.1 Wird hier nur gespielt oder auch gelernt?

„Was habt ihr denn heute gemacht?" Das ist mit Sicherheit die häufigste Frage, die Mütter oder Väter ihren Kindern beim Abholen vom Kindergarten stellen; meist direkt nach der Begrüßung, wenn man sich gemeinsam auf den Heimweg macht. „Gespielt!", lautet die Lieblingsantwort der Kinder – vorausgesetzt, man hat das Glück, überhaupt eine Antwort zu bekommen.
Wird dann von Seiten der Erwachsenen nicht mehr weiter gefragt, kann dies bedeuten, dass sie diese Antwort befriedigt hat. Gut, prima, mein Kind hat die Möglichkeit gehabt zu spielen! Es kann aber auch sein, dass ihnen die Antwort zu wenig attraktiv ausgefallen ist, um genauer nachzufragen, um ins Detail zu gehen. Ach so, gespielt. Enttäuschte Gesichter oder gar nochmaliges Nachhaken – „Also nichts Neues gelernt?" – signalisieren ohne Zweifel, dass die Eltern über das Ergebnis ihrer Frage unzufrieden sind, für den monatlichen Kindergartenbeitrag und die Anwesenheit von mindestens einenhalb pädagogischen Fachkräften eigentlich mehr Förderprogramm fürs Kind erwartet hätten als nur Spielen.

Dass Spielen *die* Lernchance fürs Leben ist, das müssen viele Erwachsene erst noch lernen.

4.1.1 Sich frei spielen

Die Idee, dass Spielen etwas Wichtiges sein könnte, ist in der Öffentlichkeit noch ziemlich jung und hat sich noch keineswegs überall durchgesetzt. Vor allem die Konsequenzen, die aus dieser Idee hervorgehen, z. B. der veränderte pädagogische Umgang mit dem spielenden Kind, müssen erst richtig verstanden werden. Die Erkenntnis, dass Spielen eine wesentliche Aktivität mit weit reichenden Folgen für die gesamte kindliche Entwicklung, sogar noch für das Jugend- und Erwachsenenalter ist, kann als geradezu neuartig bezeichnet werden. Das Verständnis dafür, dass Spielen vor Suchtgefahren schützen kann, müssen wir uns erst noch erarbeiten.

Mit der Erforschung des Spiels hat sich die Wissenschaft lange schwer getan. Es schien ein uninteressantes Thema, einfach nicht wissenschaftlich genug, um ernsthaft untersucht zu werden. Spielen, eine reine Freizeitbeschäftigung, wenn es nichts Besseres zu tun gibt. Nur ein Spiel, sagen wir, wenn wir den Unterschied zu etwas Ernstem, zu etwas Wichtigem herausstreichen wollen. Eine Sache nennen wir dann ein Kinderspiel, wenn sie uns leicht fällt, wenn sie spielerisch zu bewältigen ist, fast im Schlaf, wenn mit keinen Schwierigkeiten zu rechnen ist und keine größeren Anstrengungen erwartet werden.

Spielen verbraucht aber viel Stoffwechselenergie, vor allem in der Kindheit, einer Entwicklungsphase, in der alle Kraft eigentlich zum Wachsen und Heranreifen vieler Funktionen nötig wäre. Spielen ist allemal gefährlicher als nichts zu tun. Beim Rennen, Hüpfen, Klettern, Hämmern, Schneiden kann man sich leichter verletzten, als wenn man ruhig da sitzt. Einiges kann kaputtgehen, Unmengen Zeit können verloren gehen, Berge von Wäsche entstehen, es kann zu Konflikten unter den Kindern und mit den Erwachsenen kommen. Also, kurz zusammengefasst, der Nutzen ist beim Spielen offensichtlich nicht unmittelbar erkennbar.

Das Spielen scheint nur um seiner selbst willen da zu sein und wirkt somit im Entwicklungshaushalt zumindest auf den ersten Blick als reiner Luxus.

Welche Überlegungen und Beobachtungen waren es, die unser Interesse an diesem Verhalten endlich geweckt und zu mehr Wissen sowie zu einer Neubewertung seiner Bedeutung geführt haben?

- Nur wenn es einem Kind gut geht, spielt es. Nach einer schweren Krankheit werden die ersten Spielansätze als Lichtblick gewertet. Gewöhnt man ein Kind an eine neue Umgebung, so zeigen sich erste Erfolge, wenn es sich für die Spiele anderer interessiert, vielleicht sogar selbst zu spielen beginnt. Spiel ist als Messinstrument geeignet – wie ein Fieberthermometer –, um festzustellen, wie es einem Kind geht.

- Häufig ist spontanes Spielen zu beobachten. Auf eigene Initiative, ohne Vorbilder gehabt haben zu müssen, beginnt ein Kind ein Spiel. Um mit Spielen zu beginnen, bedarf es keiner Spielerfahrungen, jedoch einer befriedigenden Kontakterfahrung. Man muss eine Bindung haben, die sicher und angstfrei macht, damit die von Natur aus vorhandene Spielbereitschaft zum Tragen kommen kann.

- Gesunde Kinder haben das Bedürfnis, regelmäßig zu spielen. Interessant ist dabei, dass die Häufigkeit und Intensität des Spielens ansteigt, wenn das Spiel einige Zeit verhindert wurde. Das sieht man besonders deutlich, wenn aus irgendwelchen Gründen längere Zeit keine Bewegungsspiele möglich waren. Kinder, die nach weiter Fahrt auf Autobahnraststätten aus der Enge der Autos herausstürmen, zeigen deutlich, was aufgestauter Spielhunger bedeutet. Verständnisvolle Eltern lassen die Kinder erst einige Zeit rennen, rutschen, klettern und schaukeln, bevor sie die Kleinen zur Einnahme einer Mahlzeit oder zur Weiterfahrt wieder zusammentrommeln – und dann auch mit mehr Aussicht auf Erfolg. Vergleichbares gilt für den Kindergarten. Denken Sie an Feste, bei denen die Kinder erst einmal stillsitzen und einige „kurze" Ansprachen Erwachsener über sich ergehen lassen müssen, von denen sie nur wenig verstehen und die sie schlichtweg langweilen. Zunehmende Unruhe macht sich breit, obwohl die Erzieherinnen bemüht sind, die Kinder ruhig zu halten. Wie gut tut es allen, wenn sie dann endlich in irgendeiner Form aktiv werden, sich bewegen und spielen dürfen.

■ Spielen ist lustvoll, macht glücklich und ausgeglichen. Spielen zu dürfen wird bereits als Belohnung empfunden. Das Tolle am Erkunden und Spielen ist nicht an erster Stelle das jeweilige Ergebnis, das aus den Erkundigungen und Spielaktivitäten hervorgeht. Genauso wichtig sind all die Handlungen, die zu einem Ergebnis führen, überhaupt die Tatsache, erkunden und spielen zu können: „Der Weg ist das Ziel". Vielen Kindern ist am Gesicht abzulesen, dass sie, endlich das lang erforschte oder erspielte Endprodukt vor Augen, fast ein bisschen enttäuscht sind; denn fertig sein, heißt auch: Das Spiel ist aus. Haben Spielhandlungen jedoch unerwartete, überraschende Konsequenzen, so wirken diese erneut anregend auf die Spiellust und erhöhen die Ausdauer weiterzuspielen.

■ Ist ein Kind spielbereit, braucht es kein spezielles Spielzeug, um losspielen und mit der belebten und unbelebten Umwelt in Kontakt treten zu können. Mit allem, mit Steinen, Erde, Papierschnipseln, Wasser, mit den Händen, mit den Füßen, mit der Stimme oder mit allem, was Geräusche macht, sogar mit Licht und Schatten kann gespielt werden. Selbst mit gar nichts, nur in der Fantasie können Kinder genussvoll spielen, wenn wir sie nur lassen. Das heißt, dass Erzieherinnen den kindlichen Formen des Spiels ebenso viel Raum geben, wie den von ihnen vorgeschlagenen, und dass sie die Eltern von der Wichtigkeit eigeninitiativer Spiele unterrichten und es selbst aushalten können, wenn Kinder das bereitgestellte Material anders nutzen als von den Erwachsenen geplant und beabsichtigt.

■ Beim Spiel, vor allem beim gemeinsamen Spiel mehrerer Kinder, werden Aufregung und Herausforderung geradezu gesucht. Spannend muss ein Spiel sein. Läuft es nach zu altbekanntem Muster ab, bringt mit Sicherheit mindestens ein Kind eine neue Idee ins Spiel, die den Ausgang wieder in

Frage stellt, erneut die Aufmerksamkeit und das Engagement
aller erfordert. Gefordert will man sein, fast ein bisschen
überfordert, mehrmals Gefahr laufen, dass alles schief geht
und es dann irgendwie mit vereinten Kräften und dank guter
Kompromisslösungen doch noch schaffen, dabei vielleicht
schon eine neue Spielidee im Hinterkopf – so sieht ein ge-
lungener Spielverlauf aus.

- Für spielende Kinder, auch für allein spielende, ist eine tiefe
Versunkenheit ins Spiel charakteristisch, vorausgesetzt, niemand stört sie. Abgetaucht, voll konzentriert, kaum ablenk-
bar, nicht ansprechbar zu sein, das sind wesentliche Spielkri-
terien. Das spielende Kind befindet sich in einer anderen
Welt, in einer Welt, in der es seine eigene Stärke spürt, viel
mehr Freiheitsgrade zu agieren und zu reagieren hat als sonst
üblich, in der Bedrohliches abgewehrt werden kann, schwierige, bisher nicht oder nur schlecht bewältigte Situationen
plötzlich zu meistern sind und man sich sogar an künftig be-
vorstehende Schrecken sacht heranspielen kann.

Unzählige Einzelbeobachtungen dieser Art regten Psychologen,
Pädagogen und Verhaltensbiologen an, sich mit dieser bereits
wenige Wochen nach der Geburt langsam beginnenden und
dann zumindest für die Kindheitsjahre typischen, ja, dominie-
renden Aktivität des Menschen intensiver und systematischer
zu befassen. Die Ergebnisse erlaubten immer differenziertere
Einblicke in das Spielverhalten. Seine für die Weiterentwicklung
eines Kindes große Bedeutung sowie die Notwendigkeit, es
möglichst vielfältig zu fördern, wurden erkannt.

Spielen, was ist das? Wir erkennen es sofort. Spielende Kinder
fallen uns immer und überall auf. Übrigens auch spielende Tiere, wie Katzen, Hunde, Ziegen oder Papageien, um nur einige
verspielte Arten zu nennen, die differenziert wahrnehmen kön-

nen und lernbegabt sind, denn das sind wichtige Voraussetzungen für Spielfähigkeit. Wenige Verhaltensweisen sind selbst für gänzlich ungeschulte Beobachter so eindeutig zu erkennen und zweifelsfrei zuzuordnen wie das Spielen. Und das, obwohl kein typisches Verhaltenselement allen kindlichen Spielhandlungen – und dann nur diesen – gemeinsam ist. Es gibt kein Verhaltenselement, das allein im Spiel existiert! Jedes Einzelelement einer Spielhandlung – graben, rühren, lachen, bauen, malen, laufen, springen, jagen, flüchten, kämpfen, beißen, brüllen, schmatzen usw. – kommt zumindest in ähnlicher Form auch in völlig anders motivierten Verhaltenszusammenhängen vor. Die Eigenständigkeit des Spiels ist also nicht auf den ersten Blick sichtbar.

Was ist Spielen nun eigentlich? Sich mit sich selbst, mit Gegenständen oder Interaktionspartnern zu beschäftigen, ohne dabei Angst zu haben, sich angegriffen zu fühlen, gegen Einsamkeit ankämpfen zu müssen, hungrig, durstig oder schutzbedürftig zu sein.

Wir haben schon gehört, dass sich das Spiel zwar mancher Handlungen anderer Herkunft bedient, ihnen dann aber immer seinen eigenen Spielcharakter aufprägt. Ein eigener Antrieb, Spielbereitschaft genannt, liefert im Spiel die Impulse für Verhaltensweisen, die sonst – also nicht im Spiel, sondern im Ernstfall – von ganz anderen Impulsgebern abhängen. Diese sind jedoch nicht in Funktion, sozusagen nicht angeschaltet, wenn sich das Spiel kurzfristig ihre Verhaltensweisen ausleiht: schlagen, jagen, flüchten, kämpfen, beißen, brüllen usw.

Eine grandiose Idee der Natur, dass die für den Ernstfall zuständigen Impulsgeber bei einem Spieleinsatz gar nicht erst in Funktion treten, ihre Handlungen nun aber für einen spielerischen Gebrauch und somit zum Üben und Trainieren zur Verfügung stehen.

Szenen aus dem Kindergarten verdeutlichen uns die Zusammenhänge.

Bei der spielerischen Aggression, dem spielerischen Balgen zwischen Freunden wird zwar auch gekämpft und geschlagen, also Verhalten aus dem aggressiven Bereich gezeigt. Es liegt jedoch keine Aggressivität vor, sondern ein hoch aktivierter Spielwunsch, der den Impuls zum Kämpfen liefert, und der bei aller Wildheit einzig am Aufrechterhalten des tollen Spiels und keineswegs am eindeutigen Sieg des einen oder an der klaren Niederlage des anderen Spielpartners interessiert ist. Deshalb geht man vorsichtig miteinander um, achtet genau auf die Signale des Spielgegners. Fühlt dieser sich zu stark bedrängt, zügelt man seinen Angriff, um Verletzungen zu vermeiden, aber sicher auch, um nicht zu riskieren, dass der das Spiel vorzeitig abbricht.

Beim „Kämpflespielen" stimmt man seine Aktivitäten ab, indem man sich gegenseitig Anweisungen gibt:

> „Also pass auf: Ich bin ein wilder Tiger und sitze im Urwald und warte darauf, dass du vorbeikommst. Dann springe ich vom Baum auf dich drauf, du fällst um, ich schlage mit den Tatzen auf dich ein, dann beiß ich dir den Kopf ab. Gut? Alles klar?"
> „Halt, wart mal! Und was ist, wenn ich auf den Boden knalle, wenn du auf mich springst?"
> „Dann legen wir eine Decke dahin, wo du umfällst. Ok?"
> „Alles klar, klasse!" (Haug-Schnabel 1999, S. 77)

Schläge werden nur angedeutet, Verletzungen nur gespielt. Ist ein Verfolger vielleicht zu langsam, drosselt der Fliehende seine Geschwindigkeit, denn nur mit diesem Trick des „Self-handicappings" ist Spaß machendes Gejagt- und Verfolgtwerden weiterhin möglich, auch zwischen Kindern verschiedener Altersgruppen und somit unterschiedlicher Geschwindigkeit und Geschicklichkeit.

Man kann sogar beobachten, dass bei gespielter Aggression mitunter blitzschnell ein Rollenwechsel stattfindet, um den Genuss beider Positionen, der des „armen Opfers" und der des „wilden Angreifers" erfahren zu können. Ein Verhalten, das im Ernstfall, wenn wirklich Aggressivität und nicht der Spieltrieb regieren würde, undenkbar wäre.

Kippt eine spielerische Aggression in eine ernsthafte Auseinandersetzung um, fehlen plötzlich alle spielerischen und freundschaftlichen Momente, selbst die Körperhaltung und Mimik der Kinder ändern sich. Jetzt dürfen Erzieherinnen nicht wegsehen und hoffen: „Das wird schon gut gehen, die werden das doch allein geregelt bekommen." Jetzt müssen Sie präsent sein, um zu signalisieren, dass auch bei Wut unsere Gruppenregeln gelten.

Und was lernt man bei dieser Art Spiel:
- Variationen der Kontaktaufnahme,
- Umgang in Körperkontakt,
- Geschicklichkeit,
- Körpergefühl und dosierten Kräfteeinsatz,
- probeweise die eigenen Kräfte im Vergleich mit denen der anderen einzuschätzen,
- auf die Äußerungen des Interaktionspartners zu achten und zu reagieren,
- Spielregeln, fair zu sein,
- mit Zustimmung und Ablehnung umzugehen,
- Beziehungen zu pflegen.

Eine völlig anders geartete Szene zeigt nochmals die wesentlichen Punkte, auf die es zum Verständnis des Spielcharakters von Handlungen ankommt.

Werden Sandkuchen gebacken, verziert, aufgeteilt, alle rundum damit gefüttert und selbst davon gegessen, wird dann theatralisch mit den Augen gerollt, wild gehustet und drehbuchreif sich übergeben, alle Kinder der Reihe nach, so ist durchgängig Spielbereitschaft der Grund für die ganze Szene, nicht Hunger oder Ekel.

Käme beim spielerischen Toben wirklich Wut auf oder Angst oder Schmerz, beim Kaffeeklatsch im Sandkasten wirklich Hunger oder Eifersucht zwischen den Bäckern oder plötzliches Unwohlsein, wäre das Spiel schlagartig zu Ende, denn eine noch so starke Spieltendenz ist nicht in der Lage, sich gegen einen Ernstfall durchzusetzen.

Andererseits wird oft vergessen, dass auch ein Wechsel in anderer Richtung stattfinden, aus Ernst ganz schnell wieder Spiel werden kann. Sobald die für die momentane Lebensbewältigung wichtigen Antriebe befriedigt sind, kann das Spiel wieder Oberhand gewinnen.

Sie kennen diese Situationen. Ein Kind sitzt am Tisch und isst. Sobald es keinen Hunger mehr spürt, sich langsam satt fühlt, fängt es an, mit dem Essen zu spielen. Aus Nahrungsmitteln wird Spielmaterial. Die Spielbereitschaft siegt über den immer schwächer werdenden Hunger.

Auch in der Sandkastenszene wird viel gelernt:
- Koordination und Absprache,
- Kommunikation,
- Körpersprache,
- seine Ideen kreativ umzusetzen,
- auf den Spielverlauf Einfluss zu nehmen,
- sich auf das Spiel anderer einlassen zu können,
- im Zentrum der Aufmerksamkeit zu stehen,
- Mitspieler zu werden.

Die Spielbereitschaft aktiviert übrigens nicht nur die eigentliche Spieltätigkeit, sondern auch hiermit eng verwandte Aktivitäten wie das Erkunden von Neuem, das Explorieren, wie auch alles, was zu Neugier gehört und alles, was man zum Nachahmen braucht. Alles zusammen genommen ist ein wichtiges Aktivitätsbündel, um sich einen Erfahrungsvorrat anzueignen.

4.1.2 Das Spiel-Lern-Programm wird vorgestellt

Wie bringt Spielen so viel Wichtiges, Maßgebliches im Entwicklungsgeschehen in Gang? Gibt es Regeln zu erkennen, von denen wir für unsere Pädagogik etwas abschauen könnten?

So kann man z. B. etwas auf den ersten Blick äußerst Verwunderliches beobachten: Es gibt *keine spezifischen spielauslösenden Reize.* Um eigeninitiativ ein Spiel zu starten, reicht es einem Kind – egal welchen Alters – vollständig aus, dass eine Wahrnehmung auffallend ist, an etwas Tolles erinnert oder einfach ganz neu, völlig unerwartet ist. Irgendetwas wird gesehen, gehört, gespürt oder gerochen, was noch unbekannt ist und deshalb aufmerksam und neugierig macht, zum gezielten Erkunden reizt und schon startet das Spiel (siehe Kap. 3.2.1).

Es gibt hierbei zwei Grundregeln:
1. Neues reizt zum Erkunden und Bespielen. Das ist leicht verständlich und bedarf keiner weiteren Erklärungen.
2. Sobald Unbekanntes sich mit Wiedererkanntem mischt, erhöht sich der Spielreiz.
   Das Zusammenspiel von Innovation und Bestätigung ist das Geheimnis einer Information, die uns so wichtig erscheint, dass wir sie im Gedächtnis speichern und weiter bearbeiten. Aus einem Vortrag nehmen Sie sich vor allem die Sätze mit nach Hause, bei denen Sie zuerst gedacht haben: „Ach, so ist das, das ist ja spannend, das hab' ich noch nie gehört!" und durch die Sie beim weiteren Zuhören nun auf Bekanntes stoßen: „Stimmt, das kenne ich, genau das habe ich auch schon

beobachtet!" Sind nicht auch die Stellen in einem Buch, die Sie herausschreiben, ankreuzen oder unterstreichen, durch eben diese Besonderheiten gekennzeichnet?

Die gemeinsam eintreffenden Reize mit den Informationen „bislang Unbekanntes" und „bereits Bekanntes" sind es, die Kindern eine Sache als besonders verlockend, „bespielens-wert" erscheinen lassen. Der altvertraute Garten, über Nacht von Schnee bedeckt. Wie schön, wenn die Kinder diese Ver-änderung nicht nur durch das Fenster registrieren dürfen, sondern am Morgen gleich in den Garten hinaus können, um Spuren zu machen und mit dem Schnee spielen. Das geht natürlich nur, wenn die Eltern auf solche Aktivitäten vorbereitet sind und ihre Kinder entsprechend anziehen oder mit Ersatzkleidung versorgen, weil sie „ihren Kiga" ja kennen und wissen, dass hier möglichst alle Lern- und Sin-neserfahrungen gemacht werden dürfen.

Man muss übrigens auf Attraktionen nicht warten, man kann sie auch schaffen: Ein Picknick mal im Bewegungs-raum, Kaufladenspielen im Wald, Malen in einem Schlamm-loch, in einem Zelt im Gruppenraum Bücher lesen.

Das Spielsystem ist also für fast alle Eindrücke offen. Diese Stra-tegie ist, überdenkt man sie, faszinierend: Das Reagieren auf möglichst vielseitige Anreize, deren einzige Gemeinsamkeit ist, dass sie neu oder unerwartet sind oder Spannendes vermuten lassen, ist der beste Weg, um möglichst uneingeschränkt Infor-mationen aufnehmen und aktiv Erfahrungen sammeln zu kön-nen. Dies erklärt, warum die Evolution die Entwicklung eines wichtigen Verhaltenssystems zum Gewinnen von Information zugelassen hat, das keine Auswahl zwischen „voraussichtlich nützlich" und „eventuell ohne Wert" trifft. Mit größter Wahr-scheinlichkeit sind bei einer uneingeschränkten Informations-aufnahme auch am ehesten nützliche Informationen dabei, um den Erfahrungsschatz zu vergrößern oder gemachte Erfahrungen erneut auf Richtigkeit zu überprüfen.

Ebenso erfolgreich im „Spiel-Lern-Programm" ist die *Tendenz zum Abwechseln und Abwandeln* von Spielhandlungen, um durch Variationen des eigenen Verhaltens Besonderheiten von Situationen, Materialien wie auch von Spielpartnern kennen zu lernen und möglichst vielfältige Erfahrungen sammeln zu können.

- Nur so erlebt man hautnah und kann es sich dann auch merken, dass es nicht in allen Situationen angebracht ist, noch einen weiteren Witz zu machen oder noch einen Schabernack oben drauf zu setzen. Mal lachen alle herzhaft, und man steht genussvoll im Mittelpunkt. Ebenso schnell kann es einem aber auch passieren, dass genau *der* Witz zu viel war, genervte Gesichter oder Verweise zeigen das deutlich. Nur durch Versuch und Irrtum kann man ein Gespür für Situationen und das jeweils passende Verhalten bekommen.

- Ob man mit trockenem oder mit nassem Sand arbeitet, große oder kleine Steine untermischt oder gar für ein Bauwerk Sand, Wasser und Zementmehl verwendet, es gibt überraschende Verarbeitungsunterschiede. Plötzlich eröffnen sich viele weitere Spielmöglichkeiten. Und hoffentlich kommt mindestens eine/r auf die Idee, nun auch Lehm, Erde, Sägemehl, zerdrückte Kreide und, und … in die Materialtestreihe aufzunehmen. Hoffentlich denken Sie nicht nur daran, wie aufwändig eventuelle Säuberungsaktionen sein werden, sondern lassen sich auf dieses tolle Spiel ein und stellen z. B. geeignete Gefäße für weitere Testreihen zur Verfügung.
Zurück bleibt das gute Gefühl, Materialerfahrung zu haben, zu wissen, was man mischen muss, wenn man lange matschen will, und was man braucht, um möglichst schnell einen stabilen Bau zu erstellen.

■ Auch ist die *Tendenz zum Wiederholen von Spielsequenzen* eine wichtige Strategie, besonders dann, wenn Gegenstände oder Spielpartner auffällig reagieren, z. B. besonders lustig oder völlig unerwartet. Das will man noch mehrmals sehen. Umweltreaktionen erfreuen, sie belohnen. Doch nicht nur Lust wird vermehrt, sondern auch Wissen: Wissenschaftlich durchaus korrekt, wiederholt ein Kind seine Handlungen auch deshalb mehrmals, weil es nur auf diesem Weg mit Sicherheit gesetzmäßige Konsequenzen seines Tuns, z. B. den Hell- und Dunkelwechsel beim Knipsen des Lichtschalters, von einem zufälligen Zusammentreffen voneinander unabhängiger Ereignisse unterscheiden kann. Wird das Aufprallgeräusch eines fallenden Bausteins immer vom Klingeln der Türglocke begleitet oder hängen beide Geräusche nicht zwingend zusammen? Das kann man nur dadurch zweifelsfrei klären, dass man einen Baustein viele Male fallen lässt. Das ist kein böser Wille, das ist ein wichtiger Wissensdurst, der gestillt werden will.

■ Das *spielerische Nachahmen* ist ein weiterer eigenständiger Schritt im Spiel-Lern-Programm. Etwas so zu machen, wie man es bei anderen gesehen hat, bedeutet viel:
– einen Schritt in Richtung „Groß-Werden";
– voll konzentriert zu sein und gut aufzupassen;
– eine Idee aufzugreifen;
– bei schwierigen Handlungen eine Vorgabe zu haben, an der man sich orientieren kann;
– zielgerichtet auf ein zu erwartendes Ergebnis hin zu arbeiten;
– etwas wie andere machen zu können;
– kurzfristig in die Rolle des anderen schlüpfen, dessen Funktion oder Stellung übernehmen zu können;
– unterschiedliche Reaktionen – von Lob bis Tadel – zu erhalten.

Eine gute Beobachtungsgabe wird hier geschult. Bei einer längeren Handlungskette begleitet der Blick des Nachahmers aufmerksam die eigenen Tätigkeitsschritte, gleichzeitig verfolgt er konzentriert die Aktivitäten des Vorbilds, um den jeweiligen Stand der beiden Aktionen abgleichen und notfalls schnell reagieren und korrigieren zu können. Handelt es sich um kompliziertere Zusammenhänge, die mehrmals beobachtet werden müssen, bevor sie nachvollzogen werden können, so beginnt die Imitation mit einer „Trockenübung": Zuerst folgen die Augen des Kindes immer wieder den Bewegungen des Vorbilds. Im nächsten Schritt eilen die Augen den Bewegungen des Vorbilds bereits voraus. Das ist der Versuch eines eigenständigen Probelaufs, der – von außen noch ganz unbemerkt – durch die kurz danach ablaufenden Aktionen des Vorbilds auf Richtigkeit kontrolliert wird. Manchmal spielt ein Kind sogar den Tätigkeitsablauf nochmals allein in Gedanken durch, bevor es sich an die Umsetzung macht. Anhand seiner Augenbewegungen lässt sich der Probelauf verfolgen, da die Blicke an jeder Handlungsstation vorbeikommen. Im letzten Schritt führt das Kind dann die Handlung selbst aus, unabhängig davon, was sein Vorbild nun im Moment selbst macht. Wahrscheinlich ist es inzwischen mit etwas ganz anderem beschäftigt. Typisch ist auch, dass die Handlungen in den meisten Fällen dann nur symbolisch durchgeführt werden, ohne die Originalgegenstände, nicht an den Originalschauplätzen, fantasievoll angedeutet, lautmalerisch unterstützt. „So-tun-als-ob" ist das Zauberwort für dieses spielerische Übungsprogramm (siehe auch Kap. 4.2.2). Übungsschritte, ohne die Risiken und Gefahren der Echthandlung bereits einplanen und ausbaden zu müssen.

Beim folgenden Protokollauszug, einer Spielszene aus dem Kindergarten, werden Sie einige der Spielstrategien wieder erkennen.

Der 4-jährige Norbert spielt in seiner aus Holzbausteinen er-richteten Dachgarage mit Metall- und Plastikautos. Auf engs-tem Raum rangiert er die Wagen um und parkt sie neu ein. Hierbei bricht eine Garagenwand ein und mehrere Autos stürzen zu Boden. Norbert beginnt die Garage zu reparieren, hält dann aber inne und wendet sich den heruntergefallenen Autos zu.

Zuerst nimmt er ein Metallauto in die Hand und lässt es mit erhobenem Arm aus etwa einem Meter Höhe auf den Boden fallen, danach aus identischer Höhe ein Plastikauto. Abwech-selnd wiederholt er diesen Vorgang mit Metall- und Plastik-autos, wobei er jeweils mehrere Wagen aus beiden Materialien verwendet. Lautmalerisch imitiert er das unterschiedliche Aufprallgeräusch auf dem Holzboden. Er nimmt noch einen Holzbaustein, einen alten Herrenhut und zum Abschluss ei-nen Wollfaden in den galileischen „Fall-Test" auf. Jeder Un-tersuchungsgegenstand wird mehrfach getestet.

Danach scheint Norbert diesen Spielabschnitt zu seiner Zu-friedenheit beendet zu haben, da er sich summend der Gara-genreparatur und dem erneuten Einparken zuwendet.

An diesem Beispiel sieht man die enge Verwandtschaft zwischen Spiel und Wissenschaft. Forschung wird im Prinzip auch durch nichts anderes motiviert als durch Neugier und Spielfreude, be-stätigt oder widerlegt durch eine Vielzahl immer wieder syste-matisch variierter Versuchsanordnungen und deren konsequen-ter Wiederholung. Ganz wichtig ist, dass Spielräume zum Erproben zur Verfügung stehen und auch immer wieder ge-währt werden. Wir Erwachsenen sind sozusagen die Hilfswis-senschaftlerInnen, die für die kleinen Experimentatoren mög-lichst reichhaltige Forschungsbedingungen schaffen.

Erkunden, Spielen, Nachahmen und schöpferisches Erfinden sind unsere mitwachsenden Strategien zum Erfahrungserwerb.

Sie sind gleichzeitig das naturgegebene Programm zur Entwicklung jedweden Fortschritts. Anfangs noch in verspielten Kinderschuhen, später dann herangewachsen, sind sie die natürlichen Triebfedern, die letztendlich die Entfaltung von Kultur, Wissenschaft und Kunst möglich gemacht haben. Immer vorausgesetzt, wir schaffen von Anfang an Entwicklungsbedingungen, die ihre Entfaltung, ihr spielerisches Erproben und ihren kreativen Einsatz möglich machen.

Kindliches Spiel braucht, um ablaufen und erfolgreich sein zu können, einen pädagogischen Schutzraum. Im Zweikampf zwischen Spiel und Ernst zieht das Spiel – wie wir gehört haben – immer den Kürzeren. Diese Besonderheit hat ihre Gründe und ihre Konsequenzen.

Spielen ist ein naturgegebenes Aktionsprogramm
– zum Kennenlernen der Umwelt,
– des eigenen Körpers
– sowie zum Gewinn von Erfahrung und Fähigkeiten.

Die Verhaltensweisen des Spielbereichs sind auf möglichen zukünftigen Nutzen zugeschnitten. Ihr biologischer Wert liegt nicht im Augenblick. Es ist ein Lernen für später. Zukunftsbezogenes Verhalten füllt sinnvollerweise nur die Pausen zwischen dem Verhalten aus, das der aktuellen Lebensbewältigung dient. Spielen erfolgt nur im entspannten Feld, d. h. nur in Momenten, in denen gerade nichts Wichtiges zur Bearbeitung ansteht. Deshalb hat Spielen nur eine schwache Durchsetzungsfähigkeit gegenüber allen anderen Verhaltenstendenzen. Biologisch gesehen ist diese leichte Unterdrückbarkeit durchaus sinnvoll. Die Verhaltensweisen des aktiven Erfahrungserwerbs erweisen sich erst in der Zukunft als vorteilhaft; es ist daher sinnvoll, wenn sie in der Gegenwart nicht in Konkurrenz mit aktuellen biologischen Notwendigkeiten wie Nahrungsaufnahme, Kontaktbedürfnis, Angstbeseitigung, Flucht, Schlaf usw. treten.

Diese so gut nachvollziehbaren Zusammenhänge der Verhaltenssteuerung können jedoch unter bestimmten Lebensbedingungen während der Kindheit höchst negative Konsequenzen haben, die zu einer besonderen Gefahrenquelle für die Zukunft werden. Sobald ein Kind unter gesteigerter Angst leidet, als Folge frühkindlicher Betreuungs- und Bindungsmängel, entbehrungsreicher und schmerzhafter Erkrankung oder gewalttätiger, erniedrigender Erziehung, wird die leichte Unterdrückbarkeit der Tendenzen zu erkunden und zu spielen für diese Kinder zum Risiko. Diese ständig vorhandenen Ängste lassen nur ganz selten Entspannung aufkommen und behindern so die Entfaltung eines der wichtigsten kindlichen Verhaltensbereiche, nämlich des „aktiven Erfahrungserwerbs". Kinder ohne feste Bindung, belastete Kinder, Kinder mit Gewalterfahrungen haben die Angst als ständigen Begleiter. Sie können nicht spielen, was nicht nur ihren Lebensgenuss in der Kindheit schmälert, sondern auch eine Vielzahl selbst gemachter Erfahrungen in mannigfaltigen Bereichen verhindert, was Konsequenzen für ihr gesamtes weiteres Leben hat. Ihre geistige und soziale Entwicklung kann trotz guter Anlagen beeinträchtigt werden. Der Gewinn von Lern- und Konzentrationsfähigkeit, Selbständigkeit, Kreativität und Kompetenzgefühlen kann durch diesen fehlenden aktiven Erfahrungserwerb vermindert sein.

Aber Kompetenzgefühle sind schon bei Kindern wichtig (siehe Kap. 2.2.1). Sie sagen mehr über die Fähigkeiten eines Menschen aus als allein seine Intelligenz, da seine Motivationsstärke und sein individuelles emotionales Grundmuster in die Befindlichkeitsbilanz miteinbezogen werden. Die Kompetenz starker Kinder setzt sich aus zwei Arten von Kompetenzgefühlen zusammen.

Da ist zum einen eine Art praktische Kompetenz, die dadurch entsteht, dass ein Kind auf der Basis täglich zunehmender Erfahrung weiß, dass es die normalerweise anstehenden Anforderungen bewältigt, da es aus seiner Umgebung entsprechende Rückmeldungen (Lob oder Ermutigungen) bekommt und über vielfältige Fertigkeiten verfügt, mit unterschiedlichen Materialien und Werkzeugen umgehen kann, also schon ein altersgemäßes Fachwissen erworben hat. Vorerfahrungen mit vergleichbaren Anforderungssituationen zu haben und in diesen zuverlässig auf ihm bekannte Handlungsmöglichkeiten zurückgegriffen zu haben, macht es sicher (epistemische Kompetenz). Die meisten dieser Fähigkeiten erwirbt man sich beim Spielen und Erkunden. Daher ist es auch so wichtig, nicht vorschnell in Spielabläufe einzugreifen oder Erkundigungsversuche zu unterbinden, nur weil das, was wir bei den Kindern sehen, nicht unserer zeitlichen Planung, unserem Ordnungsbedürfnis oder ähnlich Festgelegtem entspricht.

Die zweite Art von Kompetenzgefühlen entsteht aus der Selbsteinschätzung eines Individuums. Jetzt geht es darum, wie ein Kind an neuartige Situationen, die plötzlich zur Bewältigung anstehen, herangeht, wie es nach einer Lösung für bislang noch nicht aufgetretene oder noch nie in Angriff genommene Probleme sucht. Diese Kompetenz hat viel mit einem stabilen Selbstbewusstsein zu tun (heuristische Kompetenz). Wichtig ist die Erfahrung, wenn es darauf ankam, schon oft eine zündende Idee gehabt zu haben, es geschafft zu haben – warum also nicht auch diesmal. Diese Erfahrung kann aber nur gemacht werden, wenn Erwachsene sich auf die Ideen von Kindern einlassen und nicht sofort ihre bereits fertigen Problemlösungen auf dem berühmten Silbertablett – das keine Diskussion mehr zulässt – servieren.

Insgesamt geht es also bei der aktuellen Kompetenz eines Menschen um seine Selbsteinschätzung, darum, inwieweit er in der Lage ist, eine Situation zu bewältigen auf Grund seines vorhandenen Wissens und der ihm zur Verfügung stehenden Möglichkeiten, auf neue Lösungen zu kommen oder sich Wissen beschaffen zu können. Begeisterte, passionierte Spieler haben hier einen immensen Vorsprung, denn vor derartigen Problemen standen sie schon oft.

4.2 Spielbegeisterung und Fantasie sind Schutzfaktoren

„Spielen lässt sich nicht kaufen, ebenso keine lebendige Fantasie. Da auf beidem aber die gesamte Kultur beruht, ebenso die gesamte industrielle Reproduktivität auf die Produktivität des Menschen, d. h. seine Fantasie angewiesen ist, werden auch seitens der Wirtschaft neue Wege gesucht werden müssen, um eine Art Umweltschutz für die Fantasie und das Spielen zu organisieren." (Schiffer, 1999, S. 58)

„Das Kleinkind hat seine besten Lehrer in sich selbst: Es wäre hoffnungslos, seine angeborenen Lernstrategien und die dazugehörigen Motivationen durch von außen aufgeprägte Lehrpläne ersetzen zu wollen; solche können im Kleinkindalter nur stören, indem sie die zur Natur des Kindes gehörigen, viel sinnvolleren Lernstrategien verdrängen." (Hassenstein 2000, S. 66)

4.2.1 Wie stört man Fantasie und Spiellust am wenigsten?

Fantasie und Spiellust sind typische Faktoren der Kindheit, sie sind von sich aus da, treten spontan auf, aber – und hier liegt die Gefahr – sie sind irritierbar, leicht zu verdrängen.

Das Spiel kann es sich leisten, keine spezifischen spielauslösenden Reize zu brauchen. Spiellust scheint ganz leicht weckbar zu sein. Fast alles kann zum Spielen anregen. Einem Kind muss nur irgendetwas ins spielbereite Auge fallen und spannendes, lustvolles Agieren versprechen, und schon geht das Spiel los.

> Stapeln Sie doch mal vor Kindergartenbeginn am Nachmittag einen Berg leerer, verschieden großer Kartons in die Mitte des Gruppenraums und warten ab, was passiert, wenn die Kinder eintreffen. Den Nachmittag habe ich deshalb vorgeschlagen, weil nachmittags die Kinder meistens in etwa zur gleichen Zeit eintreffen, was ein gemeinsames Agieren erleichtert.

Einem Kind kann man nicht beibringen zu spielen, schon gar nicht kreativ und fantasievoll zu sein. Man muss ihm die Möglichkeit bieten zu spielen, kreativ und fantasievoll. Das heißt, man muss die Spieltendenzen der Kinder voll bejahen und unterstützen und die Einschränkungen auf das unbedingt nötige Maß begrenzen (siehe dazu Kap. 4.4.2).

Mal möchte ein Kind ungestört ganz für sich allein spielen, mal sucht es nach Spielkameraden und braucht unsere Hilfe dabei. Mal sind so viele Spielideen da, dass es gar nicht weiß, womit es anfangen soll. Hier kann ein Strukturierungsvorschlag hilfreich sein. Mal braucht's eine kleine Anregung von außen, einen motivierenden Anstoß, wenn keine Idee aufkommen will. Manchmal sind Erwachsene als Spielpartner gefragt, sogar heiß begehrt, und manchmal möchte ein Kind einfach nur unter Kindern sein. Diese Spielräume müssen Erwachsene schaffen.

Genau an diesem Punkt passen Kinder- und Erwachsenenvorstellungen über den Ablauf von Spiel und das dabei zu Lernende nicht immer zusammen, wie wir in Kap. 4.4 noch genauer sehen werden.

Wenn man Spielen und Fantasie auch nicht antrainieren kann wie Schwimmen oder Fahrrad fahren, so kann man trotzdem

einiges machen, um Spielbegeisterung und Fantasie hervor-
zulocken.

1. Sehr wichtig ist das Aufgreifen und Beantworten *kindlicher Eigeninitiativen*. Vertraute Bezugspersonen fördern ein Kind am besten, wenn sie auf seine Initiativen zum Erkunden und Spielen individuell antworten und es in seinen Absichten und Plänen auch bestätigen. Denn genau das ist der Moment, in dem ein Kind für jede neue Erfahrung offen ist. Jetzt brennt es auf eine Antwort, jetzt will es wissen, wie etwas funktio-niert, warum etwas so und nicht anders ist.

   Damit Sie wissen, was wir meinen: Es wird mit Fingerfarben gemalt. Aber Sophie kommt plötzlich mit einem Pinsel an; sie mag nicht (mehr) mit den Fingern malen. Was tun? Steht jetzt das „Fingerfarben-Angebot" an, bei dem schon immer, also auch heute, eben nur mit den Fingern gemalt wird, oder kann Sophie ausprobieren, ob man Fingerfarben auch mit Pinsel vermalen kann? Falls Sie es noch nicht ausprobiert ha-ben: man kann's, zumindest mit einem Borstenpinsel und ein paar Tropfen Wasser im Farbtöpfchen. Möglicherweise wollen noch mehr Kinder jetzt mit Pinsel malen und Farben-Wasser-Verdünnungsreihen ausprobieren. Sicher ist, am Ende haben Sie und die Kinder ein paar Erfahrungen mehr gesammelt, als Sie vorgesehen hatten.

   Liegt Interesse vor, sind Aufmerksamkeit und Lernvermögen in optimalem Maße vorhanden. Das Kind konzentriert sich, ist bei der Sache, denn es ist die Seine. Es ist ansprechbar und auch für seine Verhältnisse über alle Maßen geduldig und aus-dauernd. Es will alles mitbekommen und ja nichts versäumen. Jetzt sind seine inneren Lehrmeister erfolgreich im Einsatz.

2. Erst seit wenigen Jahren kennen wir *Prozesse der Selbstbil-dung* von Kindern, erst langsam verstehen wir, dass diese nicht gestört oder von außen manipuliert werden sollten. Während intensiver Spielphasen wirken sich unnötige Stö-

rungen oder regulierende Eingriffe in die Spielhandlung negativ aus. Deshalb sollte man immer überlegen, ob ein Eingreifen zum Schutz der Kinder oder der Spielumgebung nötig ist oder ob ohne Risiko darauf verzichtet werden kann. Häufig ist zu beobachten, dass ein Kind seine konzentrierten, selbständigen Spielphasen verteidigt und das mit Recht, denn es möchte seine Beschäftigung zum Abschluss bringen. Nur dann kann sich ein Vorhaben aus den anfangs noch ungerichteten Aktivitäten zu konstruktiven Zielvorstellungen verdichten. Genau diese Phasen sollten nicht unnötig unterbrochen werden, auch wenn vorher gemachte Pläne dadurch hinten angestellt werden müssten. Zumindest sollten die Kinder auf anstehende Unterbrechungen frühzeitig hingewiesen werden, vielleicht schon verbunden mit einem Angebot, wie nach der Unterbrechung weitergespielt werden könnte.

Die selbstbildenden Fähigkeiten führen auf spielerischen und nachahmenden Wegen zu immer neuen und zur Verbesserung ansatzweise vorhandener Fertigkeiten. Schon Säuglinge bringen sich nach wenigen Wochen im Kontakt mit ihren Eltern grundlegende Interaktionsmuster bei, denn nur so ist gewährleistet, dass die anfallenden kindlichen Bedürfnisse auch erkannt und befriedigt werden.

Die angeborenen Strategien zum Spielen, Erkunden, Nachahmen und fantasievollen Gestalten gehören auch zu den selbstbildenden Fähigkeiten, ebenso die dazu gehörende kindliche Begabung, Interesse, Konzentration und Ausdauer „auf den Punkt genau" zu bündeln, wenn die Wissbegierde geweckt wurde und Neues erkundet und Einsicht gewonnen werden soll. Jetzt ergreifen Kinder auf eigene Initiative jede Chance, sich weiterzubilden. Mit einer ihnen kaum zuzutrauenden Beharrlichkeit versuchen sie, einer Sache auf den Grund zu kommen oder eine von ihnen durchgeführte Handlung zu perfektionieren. Als Funktionslust wird die Tatsache beschrieben, dass gerade Kinder schwer zu erlernende, da komplizierte Bewegungsabläufe unermüdlich wiederholen. Stark motiviert dressieren sie sich das selbst auferlegte Bewegungsprogramm an – Pedalo fahren, Break-dance-Figuren – offensichtlich allein dadurch belohnt, dass sie ihre Anstrengung spüren und ihren Erfolg sehen. Diese Freude wächst mit der Größe der Aufgabe und der gemeisterten Schwierigkeit. Unermüdlich wird die Bewegungsfolge wiederholt, ein Durchgang animiert zum nächsten, jeder wird als Belohnung erlebt, wie uns das glückliche Gesicht zeigt. Jede Störung – „Bist du jetzt nicht schon hundert Mal über den Baumstamm geklettert, reicht das nicht, versuch' doch jetzt mal zu balancieren!" – wirkt wie eine Nadel im Luftballon, sofort wäre die Luft raus. Spiel und Genuss wären vorbei.

3. *Spielen darf also ruhig anstrengend sein* und ist (trotzdem, nein) gerade dann besonders lustvoll. In genau diesen Situationen schüttet unser Körper Endorphine (körpereigene Opiate) aus, die uns Wellen von Wohlbefinden bescheren. Nach diesen Gefühlen sehnen wir uns. Glücklich und geschützt ist, wer weiß, wodurch er sich selbst Wohlgefühle verschaffen kann, ohne auf irgendwelchen fragwürdigen Ersatz zurückgreifen zu müssen.

Es geht also darum, Spielräume zu schaffen, die viele noch nicht gelöste Aufgaben bereithalten, die nicht schematisch abzuhandeln sind, sondern für die man zuerst einmal Selbstvertrauen braucht und dann Ideen, Fantasie, Ausdauer, Durch- haltevermögen, Frustrationstoleranz und am besten sogar noch Teamgeist. Kindern Freude und Spaß zu machen, heißt nicht, ihnen alles leicht zu machen, alle Schritte vorzubereiten, überall zu zeigen, wie es geht, was man machen muss und wo sich Hindernisse auftun werden. Kinder ernst zu nehmen, heißt auch, ihnen Verantwortung und Zutrauen für eine Aufgabe zu geben. Wohl dosierte Misserfolgserlebnisse und der

Umgang mit ihnen müssen zum pädagogischen Angebot dazugehören.

Erinnern Sie sich doch nochmals an Sophies Fingerfarben-Pinsel-Experiment. Es ist durchaus möglich, dass Sophie nach Fertigstellung ihres Bildes feststellt, dass ihr Blatt nun zu nass geworden ist, dass es „anders" und somit in ihren Augen „nicht so schön" aussieht, wie die Bilder der anderen. Äußerungen wie „Siehst du, ich hab' dir ja gleich gesagt, dass das nichts wird", sollten wir uns und ihr ersparen. Vielleicht kann man ihr ein neues Blatt anbieten, sie zu einem neuen Versuch ermutigen?

Kinder, die schon ab und zu eine harte Nuss zu knacken hatten, geben nicht so schnell auf. Die sich auftuenden Schwierigkeiten wecken dann nicht Verzweiflung und lustlose Resignation, sondern wirken selbstdiziplinierend. Hunger und Eifersucht sind vergessen, jetzt wird nochmals voller Einsatz gebracht. „Jetzt erst recht! Jetzt will ich doch mal sehen, ob ich das nicht in den Griff kriege. Notfalls kann ich mir ja Hilfe holen!" Es gehört zum Normalverhalten von Kindern, dass sie es sich beweisen wollen, schwierige Aufgaben lösen zu können. Sie wollen ihre vollbrachte Leistung sehen und genießen. Denn Spaß und Vergnügen muss Anstrengung vorangegangen sein, dann stimmt das Ergebnis auch auf der Genussebene.

4. Fantasie und Spiellust kann man nur locken, wenn man eine *Spielatmosphäre* schafft. Denn Spielen kann man nicht erzwingen. Zu Spielaktivitäten kommt es nur im „entspannten Feld", nie auf Kommando, unter Druck oder ohne Wohlbefinden. Die Lebensbedingungen eines Kindes müssen stimmen, damit dieses spielen und kreativ sein kann. Fällt bei einem Kind in der Gruppe auf, dass es auch nach der Eingewöhnungszeit nicht spielen kann, so ist nicht die Anmeldung in einem Spielnachhilfekurs nötig, sondern die detektivische Suche nach

den Ursachen, die das Kind nicht spielen lassen. Diese können in der Familie des Kindes oder im Kindergarten liegen. Der Alltag muss genügend Spielraum zum Spielen lassen – und diesen Spielraum müssen Eltern und Erzieherinnen schaffen und garantieren (siehe Kap. 4.4.2).

4.2.2 Fantasie erlaubt Spielen im So-tun-als-ob-Raum.

Was machen wir Erwachsene, wenn wir das Wort „Meer" hören? Wir mischen eigene Erlebnisse mit gehörten, gelesenen oder im Film gesehenen Informationen, bis wir eine eigene Vorstellung davon haben und schon sehen wir „unser" Meer vor uns, riechen es und hören es. Wir arbeiten also mit Realität und Fantasie und stellen Assoziationen zwischen beiden her; das Ergebnis ist ein höchst individuelles Mischprodukt. Wir gehen davon aus, dass wir Erwachsenen zwischen Fantasie und Realität klar trennen können. Obwohl wir wissen, dass unser Gedächtnis ein Speicher für Erinnerungen ist, die wir immer wieder angesichts gerade aktueller Erlebnisse neu rekonstruieren.

Ein Kind arbeitet mit Fantasie und Realität wahrscheinlich ziemlich ähnlich, nur hat es in seinen 4, 5 oder 6 Lebensjahren einiges weniger erlebt und auch noch weniger Informationsquellen zur Verfügung. In vielen Bereichen ist es auf seinen Mut zu fragen und unsere Lust zu antworten angewiesen. Es braucht also mehr Vorstellungskraft und die hat es auch.

Ob Kinder im Kindergartenalter tatsächlich nicht zwischen Fantasie und Realität trennen können oder ob sie es so machen wie wir, dass sie auf Wunsch beides ineinander fließen lassen, auf Fantastisches aber eben noch schneller und besser einsteigen können als wir Erwachsenen, das wissen wir nicht genau. Das scheint nicht nur von Kind zu Kind, sondern sogar von Situation zu Situation unterschiedlich zu sein. Manch fantastische

Vorstellung versuchen wir möglichst lange zu schützen, vor der Entzauberung zu bewahren, sei es die Vorstellung vom Christkind oder vom Osterhasen. Mit anderen fantastischen Vorstellungen tun wir uns schwer und steigen nicht mit ein. „Also du wärst jetzt tot und dann käme eine ganz andere Mama zu mir und wäre gar nicht arg lieb!"

Sicher sind wir nur, dass Fantasie und Realität im Kindesalter zusammenwirken. Fantastisches Spiel und Tatsachen, Gedanken und Taten sind in der Kindergarten- und Grundschulzeit im Handlungsablauf oder beim Erzählen dasselbe; sie werden ohne Brüche aneinander gereiht. In jeden beliebigen Gegenstand kann ein Kind die ganze Welt hineinfantasieren. Die Dinge, die gerade wichtig sind oder – mehr zufällig – für ein Spiel zur Verfügung stehen, bekommen eine Rolle und werden lebendig, als ob sie fühlen oder handeln könnten wie das Kind selbst.

- Es war der böse Stuhl, der sich Sven in den Weg stellte, als dieser durchs Zimmer rannte; deshalb stolperte er.
- Evelin muss immer zuerst den Schrank fragen, welches Bilderbuch sie anschauen soll; er hat nämlich immer die besten Ideen.
- Olivia erklärt, ihr Vesperbrot hätte zu ihr gesagt: „Ess mich lieber nicht auf, ich schmecke nicht gut!" Und nur deshalb habe sie es nicht gegessen.

Ein Kind kann aber auch sich selbst in jedes Wesen hineinfantasieren. „So-tun-als-ob", dieser Begriff beschreibt das Geschehen treffend. In fiktiven Rollenspielen schlüpft das Kind in verschiedene Rollen und erprobt die unterschiedlichen Handlungsmöglichkeiten, Reaktionen und die sie begleitenden Empfindungen. Wie fühlt man sich, wenn man schaurig brüllt? Die Verwandlung kann allein in Gedanken ablaufen, besser noch klappt sie, wenn man sich verkleidet und schminkt. Eine reiche Prinzessin, ein mächtiger Zauberer, eine besonders böse Hexe, ein gefährlicher

Räuber oder ein alle in Staunen versetzender Außerirdischer, alles kann man werden. Auf alle Fälle werden Identifikationsmodelle und Orientierungen gewählt, die weit weg von den Identifikationsmodellen des realen Leben angesiedelt sind. Also nicht Mutter und Vater, die sonst im Spiel als Modell herhalten müssen. Die Fantasievorbilder sind weit weg vom Alltag und mit so viel Stärke versehen, dass alles erfolgreich niedergekämpft werden kann, was sich einem sonst in den Weg zu stellen pflegt. Das sind bereits die ersten gesunden Schritte in der langsam beginnenden Lösung vom Elternhaus, ein erster Probeabschied von der Kindheit, aber noch in deren Schutz.

In diesen Rollen können Kinder Gefühle und Fantasien ausleben, die sie sich sonst nicht getrauen würden, aggressive und destruktive Gefühlsregungen, die wichtig für die Entwicklung eines Kindes sind. Solange sie im „Als-ob-Raum" verbleiben, werden sie in Spielszenen durchgespielt, in der Fantasie durchlebt, in Worte gefasst oder in selbst erfundene Geschichten eingebaut. Gleichgültig, wie Kinder damit verfahren, die Gefühlsregungen werden zur Kenntnis genommen und dadurch bearbeitet. Im „Als-ob-Raum" kann man probedenken und probehandeln, auch mal schießen, sogar mal töten. Ein Puffer für aggressive Gefühle entsteht, eine von hoffentlich vielen Strategien zur Konfliktbewältigung (siehe Kap. 2.1.2). Das sind ungefährliche Vorstufen des realen Tuns; auszuprobieren, ohne mit den Konsequenzen für sich und andere konfrontiert zu werden.

In Fantasie eingebettet kann ein Kind nicht nur mit seinen Aggressionen, sondern auch mit seinen Ängsten besser fertig werden. Zwischen 3 und 6 Jahren kommen große Ängste auf, vor Gespenstern, Drachen, Hexen und fürchterlichem Getier. Hinter alldem stecken Verlassenheitsängste, Verlustängste, Versagensängste und die Angst, schlicht vergessen zu werden. Papa und Mama stehen nicht mehr in jeder Situation hilfreich zur Seite, oft kommt in dieser Zeit ein kleines Geschwisterchen auf die Welt, das die Fürsorge aller beansprucht, man ist recht oft allein, auf sich gestellt. Es kommt zu Meinungsverschiedenheiten, Auseinandersetzungen und Kämpfen mit anderen Kindern. Man kann schon viel, aber eben nicht alles. Die eigenen Möglichkeiten, aber auch die eigenen Grenzen werden immer realistischer gesehen. Starke, gefährliche Gesellen zum Fürchten bevölkern die Fantasiewelt des Kindes. Anfangs sind sie typischerweise eine Gefahr in Form Angst einflößender Widersacher, doch immer mehr verlieren sie an Grauen, werden gezähmt, dem kindlichen Willen unterstellt, so dass sie zu Beschützern werden, an der Seite jedes Kindes siegreich kämpfen und allen Gefahren trotzen. Wie die wilden Kerle (in Sendaks Bilderbuch „Wo die wilden Kerle wohnen"), die von Maxens Zauberzepter gebändigt werden und als Einzige seine wahre Stärke erkennen. Um Ängste fassbarer zu machen, bekommen sie Zähne, Krallen, feurige Augen und eine unheimliche Größe. Man muss seinen Feind kennen, um mit der Angst umgehen zu lernen, und man muss Erfahrungen sammeln, gute, ermutigende, damit die Ängste kleiner, handlicher werden und man sich getraut, sie aus der Fantasie in die Realität zu holen und mit ihnen zu leben.

Vor der Dunkelheit Angst zu haben ist das Problem vieler Kinder im Kindergartenalter. Wird die Dunkelheit jedoch in eine schwarze Katze verwandelt, die vor dem Fenster sitzt, so kann man sie ansprechen, der Mutter zeigen und – das ist ganz wichtig – man kann etwas gegen sie unternehmen, indem man ihr das Fensterbrett mit Blumentöpfen oder dem Teddybären verstellt. Die magischen Vorstellungen helfen die Realität zu bewältigen, sich mit ihr zu versöhnen. Wenig hilfreich sind dagegen rationale Erklärungsversuche, dass keine Katze durch ein geschlossenes Fenster hereinkommen kann, oder dass alle schwarzen Katzen völlig harmlos sind, die Angst des Kindes also eher lächerlich ist.

Erfreulicherweise hat Fantastisches nicht immer mit Aggression oder Angst zu tun. Manche Kinder nehmen eine Zeit lang einen anderen Namen an und heißen dann z. B. nicht mehr Anouk, sondern von einer Stunde auf die andere Hans-Peter. Wie groß ist die Freude, wenn Anouk dann mit Hans-Peter angesprochen wird, der natürlich ein Junge ist, und das nicht nur zuhause, sondern auch im Kindergarten oder in der Bäckerei. Es zeugt schon von einem gewaltigen Einfluss auf die Umgebung, wenn alle sofort wie selbstverständlich wieder umstellen, sobald die Reaktion „Aber ich heiß' doch Anouk und bin ein Mädchen" kommt. Auch solche Erfahrungen stärken das Selbstwertgefühl eines Kindes.

Sich Freunde und Gefährten zu erfinden ist in dieser Zeit auch ganz normal. Auf diese Weise schaffen sich Kinder maßgeschneiderte Interaktionspartner, die immer da sind, einen nie allein lassen. Sie sind natürlich stark, fürchten sich vor nichts und gehen für ihr Partnerkind durchs Feuer – ohne Schaden zu nehmen.

„Sie sitzen beim Essen neben mir oder im Auto, auch hinten wie ich. Sie passen auf mich auf, dass ich nicht von der Leiter falle. Sie können mich aber auch hochstemmen, damit ich ganz oben auf den Küchenschrank komme, wo die Kiste mit den Süßigkeiten steht."

Kaum lassen die Ängste ein bisschen nach, beginnt die Vorliebe für Gruselsituationen. Der selbstgewählte, spielerische Umgang mit der Angst ist sicher eine der spannendsten und fantasievollsten Komponenten unserer menschlichen Verarbeitung von Gefühlen. Schon mit 4 Jahren beginnt die bewusste Suche nach Gruselsituationen, um in abgeschwächter Form Grausiges zu erleben. Das Sich-gruseln dient sicher dazu, die Bewältigung angstgeprägter Situationen einzuüben; wahrscheinlich kommt noch der Genuss einer einigermaßen kontrollierten Erregung hinzu: so tun, als ob man Angst hätte. Kinder gehen hierzu in den Keller oder machen das Licht aus und rufen Buh-buh, Erwachsene gehen ins Kino, auf Extremtouren oder in die Achterbahn. Da alles außerhalb eines Ernstfalls passiert, zudem Zeitpunkt, Situation und eigene Teilnahme selbst gewählt sind, kann unter anderen Voraussetzungen Ängstigendes genossen werden. Es ist das Gefühl, in einer mit Angst besetzten Lage die Kontrolle zu behalten, das diese Situationen so verlockend macht. Ein hochsensibler Balanceakt zwischen Angstvermeidung und gleichzeitiger Erregungssuche.

Wie viel Fantasie ist normal?
Fantasie erlaubt das Spielen im „So-tun-als-ob-Raum". Dieser Szenenwechsel kann gar nicht oft genug stattfinden, nicht bizarr genug sein. Hier droht keine Gefahr. Hier übt ein Kind für's Leben. Es sammelt Reaktionsmöglichkeiten und testet Empfindungsnuancen aus, dabei lernt es viel über sich. Zu welchen Reaktionen bin ich fähig, wo liegen meine Schwierigkeiten? Erwachsene können ruhig mitspielen, indem sie zeitweilige Einladungen in diese andere Welt annehmen.

 Gefährlich wird es erst, wenn es sich beim Aufsuchen von Fantasieräumen um eine Flucht, einen nicht nur vorübergehenden Abschied aus der Realität handelt. Damit ist nicht der geschickte Schachzug gemeint, sich während einer langen Autofahrt vom Rest der Familie kurzzeitig zu verabschieden und inzwischen aufregende Abenteuer im Fantasieland zu erleben. Gemeint ist das Ausklinken aus jeder Interaktion, die Tatsache, nicht mehr wahrnehmungsbereit und ansprechbar zu sein, immer weiter zu verschwinden, umso wenig wie möglich von der echten Welt mitbekommen zu müssen. Der Rückzug ist also nicht nur gedacht als tagträumerische Übergangslösung, bis die reale Welt wieder einfacher und ansprechender ist; in diesem Fall ist eine Rückkehr, ginge es allein nach dem Momentanbefinden des Kindes, nicht vorgesehen. Es will nicht im So-tun-als-ob-Raum wieder ins emotionale Gleichgewicht kommen, um seine Alltagsanforderungen besser bewältigen zu können; es möchte sie, weil ihm der Glaube an den Erfolg fehlt, gar nicht mehr in Angriff nehmen. Endgültig abtauchen, ohne eine Rückkehr voll neuer Kraft einzuplanen.

Zum Weiterlesen:

Schiffer, E. (1999): Warum Huckleberry Finn nicht süchtig wurde. Anstiftung gegen Sucht und Selbstzerstörung bei Kindern und Jugendlichen. Beltz Quadriga, Weinheim.
Hassenstein, B. (2000, im Druck): Verhaltensbiologie des Kindes. Wötzel, Frankfurt.
Sendak, M. (1967): Wo die wilden Kerle wohnen. Diogenes Verlag, Zürich

4.3 Man kann auch schlechte Erfahrungen machen

Ein Kind läuft bei Kindergartenende, vorsichtig einen gebastelten Vogel in der Hand haltend, auf seine Mutter zu und überreicht ihr das Bastelwerk. „Das ist für dich!" Die Mutter freut sich, nimmt das Kind in den Arm und sagt: „Das ist ja toll. Vielen Dank! Du magst mich, wie schön! Endlich hast du mal im Kindergarten etwas gelernt!"
Falls das Kind nachdenklich veranlagt ist, wird ihm vielleicht einfallen, dass es den Vogel ja eigentlich zuerst dem Papa schenken wollte. Zum Glück hat es das nicht getan, denn sonst hätte die Mama ja nicht gewusst, dass es sie mag. Und der Papa. Der weiß jetzt nicht, dass er auch geliebt wird, er muss also auch ganz schnell noch etwas geschenkt bekommen.

Zwischen den Zeilen gab es noch mehr Information: Wer mit leeren Händen aus dem Kindergarten kommt, hat offensichtlich von dort nichts mitnehmen können. Aber man kann nicht nur mit den Händen, sondern auch im Herzen, im Kopf und im Bauch Erlebtes und Erfahrenes mit viel Gewinn nach Hause tragen:

- Bei Regen gut angezogen draußen zu spielen, macht Spaß!
- Ich war Sieger! Ich habe am lautesten geschrien!
- An der Kletterwand habe ich Angst bekommen. Aber der Michael hat mir geholfen und mir gezeigt, wie's geht!
- Mensch, war das cool, alle fanden meinen Vorschlag gut!
- Wenn ich zu blöd rummache, will keiner mit mir spielen.
- Tanzen macht mir Spaß, das will ich mal wieder machen!

 Sind das nicht auch Erfolge, auch wenn sie nicht so ohne weiteres vorzeigbar sind? Man braucht nicht immer etwas in der Hand, nicht immer Geschenke als Beweise für Liebe.

4.3.1 Achtung: Heimliche Lehrmeister sind am Werk

Aus jeder Situation kann ein Kind lernen. Wenn es etwas richtig gemacht hat, d. h., das erreicht hat, was es wollte, und kein vehementer Einspruch gegen sein Vorgehen erhoben wurde, kann es davon ausgehen, dass sein Verhalten so in Ordnung war, und es wird sich das nächste Mal mit Sicherheit wieder an dieses Lösungsschema halten, um vergleichsweise erfolgreich zu sein. So lernt es, dass die Chance, etwas genehmigt zu bekommen, viel größer ist, wenn es vorher freundlich um Erlaubnis gefragt hat. Genauso erfährt es, was nicht geht, was die falsche Strategie war, die bei dieser Wiederholung erneuten Einsatz, identische oder sogar noch mehr Probleme und wieder keinen Erfolg mit sich bringen wird.

Daher ist es wichtig, darauf zu achten, dass Erwachsene nicht aus Nachlässigkeit wiederholt Szenen kommentar- und konsequenzenlos durchgehen lassen, in denen sich z. B. ein aggressiver Einsatz zur Durchsetzung der kindlichen Pläne lohnt. Denn dann ist damit zu rechnen, dass nach den Regeln des Lernens auch die nächste problematische Situation aggressiv in Angriff genommen wird, um wieder mit Gewalt zu siegen.

Nicht immer sind die Zusammenhänge so einfach zu durchschauen. Auf diesem normalerweise erfolgreichen Weg kann man auch etwas Falsches lernen, ohne dass jemand Einhalt gebietet, vielleicht nicht einmal bemerkt, welche Fehlschlüsse aus dem Verhalten der Umgebung gezogen werden. Durch steten Gebrauch, ohne die Chance, in diesen Situationen auch mal andersartige Erfahrungen zu machen, werden diese „Verhaltenssackgassen" immer stabiler. Hier kann in Kindertagen – eher zufällig, sicher nicht beabsichtigt – etwas beigebracht werden, was sich noch im Erwachsenenalter als Hürde herausstellen kann.

4.3.2 Niemand will ein Kind abhängig machen, aber ...

Drei Beispiele aus unterschiedlichen Bereichen des Kindergartenalltags sollen auf Lerneffekte mit falschen, unbeabsichtigten Folgen aufmerksam machen.

Das erste Beispiel hierfür ist der alte, inzwischen hoffentlich generell nicht mehr angewandte, Versuch, Kinder ohne Eingewöhnung dem Kindergarten zu überlassen.

Im Beisein von Mama kamen die „Kleinen" am Starttag zumeist zum ersten Mal in die Einrichtung. Sich an die anderen Kinder zu gewöhnen, war sicher nicht das größte Problem. Das war die Tatsache, dass es sich beim Kindergarten um keinen Mutter-Kinder-Garten handelt. Der Abschied von der Mutter stand unvermeidlich an.

Gut gemeint, aber leider völlig an der Kinderseele vorbeigedacht, war die lange praktizierte Methode, hierbei mit einem Trick zu arbeiten. Die begleitenden Mütter sollten sich, wenn ihr Kind sie gerade nicht beobachtete, auf ein vorher vereinbartes Zeichen der Erzieherin hin davonschleichen. So wollte man den gefürchteten Abschied umgehen, sicher auch den Müttern das Weinen ihrer Kinder ersparen. Statt dann weniger zu weinen, wie man das erhofft hatte, da es sowieso sinnlos war, weil die Mama ja schon gegangen war, und kein Protest sie mehr zum Bleiben verleiten konnte, waren viele Kleine völlig verzweifelt über die für sie unvorbereitete plötzliche Abwesenheit ihrer Mutter. Die verständliche Folge war, dass sie in dieses „Bermuda-Dreieck", in dem Mütter einfach verschwinden, gar nicht mehr zurück wollten; oder wenn sie sich doch überzeugen ließen, nochmals hinzugehen, dann nicht vom mütterlichen Arm oder der Hand wichen, sich anklammerten, damit ihnen das Unglück, allein gelassen zu werden, nicht noch einmal passierte.

 Wenn man genauer nachdenkt, so ist das Wegschleichen wirklich eine äußerst problematische Angelegenheit. Die Mutter geht ja zu dem Zeitpunkt, an dem ihr Kind sie gerade nicht beobachtet, d. h., gerade dann, wenn seine Vorsicht nachgelassen hatte und seine Zuversicht gewachsen war und deshalb seine Aufmerksamkeit durch ein Spiel, einen attraktiven Gegenstand oder ein anderes Kind geweckt werden konnte, der Kindergarten also begann, spannend zu werden. Genau genommen wird bei diesem Vorgehen das Kind für sein abnehmendes Misstrauen und sein zunehmendes Interesse mit dem Verschwinden der Mutter bestraft. Es lernt also: Bleibe weiterhin misstrauisch, interessiere dich für nichts, denn sobald du dich entspannst und zu spielen beginnst, kann dir die Katastrophe des Mutterverlustes und plötzlichen Alleinseins wieder passieren!

Das wollte natürlich niemand einem Kind beim Kindergartenstart beibringen. Völlig unbeabsichtigt kam es aber zu diesem Lernprozess, mit der Folge, dass Spiellust und Bereitschaft, sich auf den Kindergarten einzulassen, verhindert wurden.

Bei einer richtigen Eingewöhnung lernt ein Kind etwas ganz anderes, nämlich:

„Wir können uns beruhigt voneinander verabschieden. Hier kannst du bedenkenlos bleiben, deine Erzieherin passt so gut auf dich auf wie ich, du bist gut versorgt und außerdem wartet ein toller Spielmorgen mit Kindern auf dich. Und ich komme wieder, hole dich ab und wir gehen gemeinsam nach Hause."

Eingewöhnung beginnt mit dem Neugierigmachen auf den Kindergarten. Das Kind sollte einfach vorher schon öfter (nicht nur an 1–2 Nachmittagen) mal kommen und reinschnuppern dürfen, ein bisschen mitspielen, den Alltagsablauf, ein Fest und vor allem Kinder kennen lernen, all das schafft ganz nebenbei Hürden beiseite – übrigens bei den Kindern wie bei den Müttern. Denn auch die Mütter oder Väter müssen eingewöhnt werden, um ihr Kind innerlich loslassen zu können. Eltern fällt alles leichter, wenn sie die Erzieherinnen und ihre Arbeit schon frühzeitig kennen lernen konnten, z. B. durch eine Vorstellung der Kindergarten-Konzeption mit Hilfe von Dias oder eines Films aus dem Kiga-Alltag. Es gehört heute standardmäßig zur guten Einrichtungsqualität dazu, dass Mutter oder Vater oder eine andere dem Kind nahe stehende Person auch dann, wenn's ernst wird, anfangs noch dabei sein darf. So entsteht eine Brücke zwischen dem Zuhause und dem Kindergarten, die manchmal Tage (in den meisten Fällen), in Einzelfällen aber auch mehrere Wochen dauern kann. Das hängt vom Kind ab. Von seiner Fähigkeit, sich für überschaubare Zeit von den familiären Bezugspersonen trennen zu können, und von seiner Fähigkeit, sich an eine neue Person gewöhnen, ihr vertrauen, sie ansprechen, sie fragen, mit ihr lachen und sich von ihr trösten lassen zu können. Die Gewähr, eine solche Person zur Verfügung zu haben, gehört zur Eingewöhnung dazu.

Am besten hat sich das individuelle Bezugspersonensystem bewährt, das Kindergärten angesichts des Erfolgs bei guten Kinderkrippen abgeschaut haben. Jedes neu hinzukommende Kind bekommt zur Eingewöhnung „seine" Bezugsperson zur Seite gestellt, die nun, bis das Kind voll integriert ist, seine vorrangige Ansprechpartnerin und Kontaktperson ist. Zusammen mit Mutter oder Vater führt sie das Kind in die Gruppe ein und gewinnt langsam, aber sicher immer mehr an Bedeutung, während die Elternanwesenheit im Kindergarten immer unnötiger wird. Zugegebenermaßen ist dies ein aufwändiges Konzept, da die jeweilige Erzieherin während dieser Zeit von ihren sonstigen Gruppenaufgaben entlastet werden muss. Aber es ist ein Einsatz, der sich zweifellos lohnt, da das Kind so die Chance bekommt, in der Betreuungssituation eine Bindung zu einer Bezugsperson aufzubauen. Das bedeutet natürlich, dass zum neuen Kindergartenjahr die Arbeit stark auf die „Neuen" ein- oder umgestellt werden muss. Speziell in der offenen Kindergartenarbeit brauchen die Kleinen Zeit und Ruhe, sich in das anfangs vielfach für sie verwirrende Kindergartenleben einzugewöhnen.

Klappt die Eingewöhnung, so ist es bald höchstens noch das direkte Abschiednehmen am Morgen, das Schwierigkeiten machen kann. Geschieht das Abschiednehmen jedoch herzlich, mit Abschiedsgesten und der glaubhaften Beteuerung, zum Abholen pünktlich wieder zur Stelle zu sein, so kann das Kind selbst nach kurzem Protest oder Kummer in die Gruppe einsteigen und mitspielen. Hilfreich kann da der Hinweis sein, dass noch ein Spiel oder Puzzle zusammen gemacht, noch ein Bilderbuch zusammen angeschaut wird, bevor Eltern und Kind sich verabschieden.

Fällt es der Mutter jedoch selbst schwer, sich vom Kind zu trennen, so merkt es dies sofort und reagiert verständlicherweise verunsichert. Langen Abschieden folgen lange Phasen des Unglücklichseins, bis das Kind zu den anderen und ins Spiel findet.

Viel leichter haben es Kinder, deren Mütter ihnen deutlich mit Worten und durch ihr Verhalten zu verstehen geben, dass es eine gute Sache ist, in den Kindergarten zu gehen.

Heute wissen wir, wie einengend und angsterfüllt die Botschaft: *„Wenn ich mich traue loszulassen, werde ich allein sein und mich schlecht fühlen"*, lebenslang auf jede Beziehungsbildung wirken kann. Wir wissen aber auch, dass Säuglinge und Kleinstkinder nur im Beisein ihrer Bezugspersonen, Mutter oder Vater, lernen können, allein zu sein und allein zu agieren. In der Gemeinsamkeit und Verbundenheit das Alleinsein lernen, so heißt das Erfolgsrezept. Sind die hierfür nötigen Voraussetzungen in der Eltern-Kind-Beziehung gegeben, so gelingt dieser Prozess, die guten Beziehungserfahrungen werden gespeichert und generalisiert, d. h. verallgemeinert. Das bedeutet, dass dieser Mensch auch später, wissend um seine gute Beziehungsbasis zum Partner, durchaus mal allein sein kann, sich dennoch wohlfühlt und vielseitig motiviert und aktiv ist, auch wenn der Partner nicht immer präsent ist.

– Nicht allein sein zu können,
– mit sich nichts anzufangen wissen,
– es sich nicht gut gehen lassen können,
– allein willen- und energielos zu sein

schafft Abhängigkeitsverhältnisse mit schlimmen Folgen.

Unser zweites Beispiel für unerwünschte Lernprozesse ist das folgende. Ohne sich dessen bewusst zu sein, bringen viele Erwachsene Kindern folgenden, nur schwer wieder zu entkräftenden Lehrsatz bei:

Es muss mir erst schlecht gehen, bis jemand meine Wünsche erfüllt. Wie kann ein Kind zu einer derart problematischen Vorstellung kommen?

Die Ausgangsbasis dieses unbeabsichtigten Kurses sind ganz normale Verhaltensweisen, die alle Kinder hin und wieder benutzen, wenn sie etwas wollen oder partout eben nicht wollen: Jammern, Quengeln und Schreien. Die meisten Eltern oder Erzieherinnen unterbinden oder ignorieren im Normalfall das Jammern oder lenken das Kind ab, so dass es von sich aus zu einem anderen Verhalten greift. Das Kind begreift recht schnell, dass der Einsatz dieses Verhaltens nicht erfolgreich ist, um seine Wünsche erfüllt zu bekommen. Bleibt die Reaktion der Erwachsenen immer gleich ablehnend – am wirkungsvollsten, wenn Elternhaus und Kindergarten hier in gleicher Weise arbeiten –, so wird die Jammerstrategie immer seltener, bis sie schließlich ganz verschwindet. Der ungewollte negative Lernprozess findet nicht statt.

Der negative Lernprozess kommt erst dann zur Wirkung, wenn die Erwachsenen mitunter zwar auch signalisieren, dass sie Jammern, Quengeln und Schreien für keine gute Art halten, auf seine Wünsche aufmerksam zu machen, meistens jedoch nach einiger quälender Jammerzeit entnervt nachgeben und mit dem Satz „Mach doch, was du willst!" die Erziehungszügel aus der Hand geben. Das Kind lernt: „Ich muss einfach beharrlich weiterjammern und verstärkt quengeln, um mein Ziel zu erreichen."

 Spätestens jetzt muss eingegriffen werden. Auf Jammerei darf nie der erhoffte Effekt folgen. Die wenigen anderen Strategien zur Kontaktaufnahme und Wunschäußerung müssen bereits im Ansatz unterstützt werden und – so weit möglich – erfolgreich sein. Wichtig sind auch Erklärungen, warum die Erwachsenen nicht reagieren und wie das Kind sein Ziel eher erreichen könnte.

Was passiert, wenn niemand den Jammerweg bremst? Eine inadäquate und nirgends beliebte Verhaltensweise wird weiter belohnt und deshalb in der Zukunft immer dann wieder eingesetzt, wenn sich das Kind etwas wünscht. Es startet sein Jammertheater, erste Widerstände regen sich, wahrscheinlich mehr gegen das Gejammere als gegen den Wunsch an sich. Vielleicht hat sogar gar niemand genau hingehört, um welchen Wunsch es sich gerade handelt? Auf jeden Fall eskalieren nun Jammern und Widerstände, bis letztere aus pädagogischer Ohnmacht aufgegeben werden. Der Wunsch ist nun durchsetzbar, doch meist ist er nichts mehr wert.

Das ist nicht alles an negativem Feed-back. Wie fühlt sich ein Kind, das minutenlang, vielleicht stundenlang jammert und quengelt? Höchst unwohl, denn es hat die Rolle der Nervensäge, des Quälgeistes übernommen, die nirgends positiv gesehen wird. Überall provozieren seine Störungen ablehnende Reaktionen. Es geht ihm schlecht. Während der „Wunscherarbeitungszeit" kann es nicht spielen, keine unbefangenen Kontakte aufnehmen; danach meist auch nicht, da es den negativen Nachgeschmack dieser letztlich misslungenen Interaktion kaum los wird. Doch genau diese unbeliebte Rolle muss es durchlaufen, bis endlich jemand in seinem Sinne reagiert. „Es muss mir erst schlecht gehen, bis jemand meine Wünsche erfüllt", ist der Leitsatz für ein unglückliches Leben.

Ein drittes Beispiel: *„Nur andere wissen, was für mich gut ist."* Diesen zur Unselbständigkeit und Abhängigkeit erziehenden Lernsatz will sicher niemand einem Kind beibringen. Und trotzdem wird erschreckend häufig genau diese Tendenz gefördert, ohne dass man sich dessen bewusst wäre.

Cornelia stolpert und fällt hin. Zuerst herrscht absolute Stille, dann ertönt ein ohrenbetäubendes Geschrei. Die Erzieherin rennt herbei, nimmt Cornelia auf den Arm und versucht sie zu trösten. „Wo hast du dich denn angeschlagen? Man sieht ja fast nichts. Ich setze dich jetzt hier in den Schatten, dann tut es nicht mehr weh. Soll ich dir noch ein paar Apfelschnitze bringen, dann ist alles wieder gut." Die Erzieherin geht ins Haus, kommt gleich darauf mit Apfelstückchen zurück, streichelt Cornelia über den Kopf und sagt: „Schaukel doch ein wenig!"

Durchaus gut gemeint ist dieser Ablenkungs- und Rückführversuch ins Kindergartenleben. Er kann auch mal klappen, doch genauso gut kann er meilenweit an Cornelias Empfinden und Bedürfnisrealität vorbeigehen und bei regelmäßigem Einsatz schaden.

Was wird nicht berücksichtigt?

- Nach einem Sturz weint ein Kind und braucht Trost, erst danach kann es sich Fragen zuwenden.
- Etwas kann weh tun, ohne dass man es sieht.
- Vielleicht war der Schreck über den Sturz größer als die Aufschürfung oder Prellung.
- Wer weiß, ob Enttäuschung dazu kam, dem davoneilenden Philipp das begehrte Spielzeug nicht abgejagt zu haben oder Ärger über ihren „blöden" Körper, da Cornelia heute sich bereits viermal weh getan hatte und alle immer sagen, sie wäre so ungelenk.
- Durchaus denkbar wäre, dass sie einfach noch ein bisschen im Arm bleiben wollte, statt allein im Schatten zu sitzen.
- Was kann ein Apfel an diesem Problem besser machen?

Die Gefahr ist groß, dass nach vielen vergleichbar ablaufenden Szenen Cornelia an der Richtigkeit ihrer Einschätzung der Situation zweifeln wird. Sie wird die Relevanz ihrer eigenen Empfindungen und ihrer Stimmungslage zur Klärung des Hergangs oder zur Aufarbeitung aufgetretener Probleme für unbedeutend halten. Denn niemand will ihre Antworten hören, jeder will seine bereits vorbereiteten Antworten bestätigt sehen.

So werden Kinder unmündig, ohne Mund. Aber eigentlich kann nur Cornelia zum Ausdruck bringen, was sie empfindet. Erwachsene sollen trösten, sicher auch mal ablenken, aber nicht jeder Situation ihren eigenen Empfindungsstempel aufdrücken. Auf die Frage „Du hast dir wehgetan, hm?", könnte Cornelia „Ja" weinen und sagen oder zeigen, wo's weh tut. Sie könnte

aber auch zum Ausdruck bringen, dass sie ganz einfach über
ihre Ungeschicklichkeit verärgert ist oder vielleicht erschrocken
über den Sturz, usw. Man könnte sie einfach in den Arm nehmen, und selbst wenn sie nichts sagt, etwas warten, bis es ihr
wieder besser geht, ohne sie mit Ersatzleistungen wie Apfelstückchen und Schaukelangebot von der Klärung ihres Befin-
dens abzulenken.

4.4 Zwei Welten: Erwachsenenvorstellung versus Kindvorstellung

Eine Beobachtung:
Vor einigen Jahren lud ein Spielzeugfachgeschäft Kinder zu
einem Schnuppernachmittag mit kleinen ferngesteuerten Ro-
botern ein. Nach einer kurzen Einweisung in die Technik der
Fernsteuerung sowie einer beeindruckenden Vorführung der
Beweglichkeit und Geschicklichkeit der Maschinchen began-
nen die Kinder begeistert zu spielen. Vor allem die lustige Art
der Fortbewegung, die Fähigkeit, um Hindernisse herum-
zulaufen und kleine Manipulationen mit den Händen auszuführen, faszinierten die Kinder. Immer sechs Kinder durf-
ten ungefähr 15 Minuten spielen, dann kam eine nächste
Sechser-Gruppe dran. Einige Kinder blieben aber und schau-
ten mehrere Runden zu.
Gegen Abend ließ das Interesse nach, übrig blieben vier Jungen
zwischen 6 und 9 Jahren, die nun ohne Zeitlimit spielen konnten. Auch die Beschäftigten im Laden wandten sich nun wieder
ganz ihrer Verkaufstätigkeit zu. Nach einigen unbeobachteten
Minuten hatten die Kinder die Roboter so weit zerlegt, dass
jetzt zwei Beine und ein Stück Rumpf alleine liefen, wodurch
diese Modelle bedeutend schneller als ihre Ganzkörperkonkur-

renz wurden. Ein anderer Roboter hatte jetzt ein Bein und drei fuchtelnde Arme bekommen. Die größte Begeisterung weckte jedoch die Idee, nun jeweils zwei Roboterbeinpaare aufeinander zu stellen, sozusagen Huckepack, und sie eine schiefe Ebene hinauf um die Wette laufen zu lassen.
Ob das auch in den Augen der Erwachsenen ein schönes Spiel war?

4.4.1 Die Eigenständigkeit des Kindes unterstützen

Echte Spielpartner eines Kindes zu sein, scheint Erwachsenen immer schwerer zu fallen, je älter ein Kind wird, bis dieses dann auf die Pubertät zugeht und zum wieder besser handhabbaren, gleichwertigen Mitspieler wird. Auf die Begeisterung von Säuglingen an kleinen, sich wiederholenden Effekten und deren leichten Variationen stellen Erwachsene sich noch schnell ein. Hier geht es um Animation, die kindliche Aufmerksamkeit muss geweckt werden. Das können Erwachsene gut, denn hier haben sie die Regie in der Hand. Die Zeit größter Attraktivität haben Erwachsene für Kinder sicher, wenn diese im Kleinstkindalter sind, vorausgesetzt, die Erwachsenen sind dem Kind vertraut. Im Alter zwischen 1 und 3 Jahren sind sie unter diesen Bedingungen die begehrtesten Spielpartner, einfach deshalb, weil sie diese recht anstrengende Altersgruppe am besten ertragen und somit am wenigsten durch falsche bzw. fehlende Reaktionen frustrieren. Allein die Tatsache, dass sie auf das momentane kindliche Befinden und dessen schnelle, oft unvorhersehbare Wechsel reagieren und eingehen können, erleichtert die Spielinteraktionen. Ist ein Kind über 3 Jahre alt und erfolgreich in den Kindergarten eingewöhnt, wird es, sofern es die Wahl hat, immer ein spielbereites Kind einem Erwachsenen vorziehen. Obwohl ihre Bedeutung für das Kind abnimmt, sind Erwachsene weiterhin als Vorleser,

Tröster und Schlichter begehrt. Unumstritten ist ihre Position, wenn es darum geht, ein neues Spiel erstmalig vorzustellen, Materialien zu besorgen und Ideen gegen Langeweile vorzuschlagen. Hier können die Großen ihren Wissens- und Erfahrungsvorsprung positiv ins Spiel bringen.

Doch genau hier beginnen auch die Probleme. Läuft ein Spiel, dann ist niemand traurig, wenn die Erwachsenen sich zurückziehen und auf weitere Kommentare verzichten. Bleiben sie dann dabei, geht's ein paar Minuten gut, doch dann neigen Erwachsene allzu gern dazu, ihre Spielpläne bekannt zu geben und dann auch mehr oder weniger geschickt durchzusetzen, ohne das unbedingt bewusst zum Ziel zu haben. Für sie ist das Sich-Einlassen auf das ideenreiche und eigenwillig gestaltete Spiel von Kleinkindern und Kindern ihr größtes Problem. Sie beginnen zu organisieren, zu dirigieren, bis alles mit der Ursprungsidee der Kinder wenig oder nichts mehr zu tun hat.

Was jetzt passiert, ist nahezu regelhaft, denn es gibt nur zwei Alternativen:

- Entweder opponieren die Kinder durch kleine, aber häufige Provokationen, bis das Spiel den Erwachsenen keinen Spaß mehr macht und sie feststellen: „Mit euch kann man einfach nicht spielen!"
- Oder die Kinder lassen sich „bespielen", von ihrer Seite kommt keine Idee, sie nehmen keinen Einfluss mehr aufs Spielgeschehen. Das Erwachsenenangebot hat nicht zu weiteren Ideen angeregt, sondern alle vorhandenen Ideen erschlagen. Bei diesem Verlauf kann das Ende unterschiedlich sein. Irgendwann wird es den Kleinen zu langweilig und sie steigen aus, oder den Großen wird es zu anstrengend: „Macht doch wenigstens mal ein bisschen mit!"

Auf alle Fälle sind Konflikte vorprogrammiert, wenn die Erwachsenen ein Spielende „noch retten wollen", oft, um doch noch ein

Ergebnis der Spielzeit vorweisen zu können. Nicht immer ist ein Spielende, das Erwachsene als gescheitert einstufen, auch in Kinderaugen ein Malheur. Vielleicht war gerade dieser Ausgang des Geschehens weit spannender als der erwartete; denn der hätte bereits Bekanntes als reine Bestätigung geboten und somit das Spiel beendet, während Unerwartetes einen weiteren Anreiz zum Weiterspielen geben kann und zu einer neuen Herangehensweise an das Problem motiviert. Wenn man sich von Umweltreaktionen ansprechen lässt, diese in Ruhe durchdenkt, immer mal stutzt und staunt, so findet man bereits in Gedanken Lösungen, die man in sein weiteres Tun integrieren kann.

Spielen heißt auch Toleranz für Fehler und Lernen aus Fehlern. Die Wissenschaft hat soeben die Chancen fehlerfreundlicher Systeme erkannt; spielende Kinder kannten sie schon immer! Jedes Kind hat das Recht, das Rad nochmals auf seine Art neu zu erfinden. Erst über die holprig eckige Variante kann es auf die Idee kommen, die Ecken abzurunden. Die „falsche" Zwischenstufe war wichtig, um die für die richtige Lösung nötigen Besonderheiten zu erkennen. Fehler machen, diese erkennen, Auswege suchen und finden, wieder etwas falsch machen, aber eindeutig schon besser durchdacht, eine neue Idee … das sind für Kinder typische Trainingsschritte für erfolgreich durchlebte Misserfolgssituationen.

Dieses optimale Selbstbildungsprogramm stören Erwachsene, ohne sich dessen bewusst zu sein. Sie „ersparen" Kindern gerne den langen Weg, ohne zu bedenken, dass es eben um den geht und nicht ums Ergebnis. „Der mühsame Umweg ist doch nicht nötig, das kann ja nicht klappen, das weiß man doch", ist die Argumentation der Erwachsenen. Dahinter steckt in den meisten Fällen die Angst vor Zeitverlust, vor mehr Dreck, davor, zu viel erklären, sich zu stark auf kindliche Gedankengänge einlassen zu müssen. Geleitet werden die Erwachsenen durch das ihnen bereits in Fleisch und Blut übergegangene Programm, immer alles zielgerichtet, optimiert und zeiteffizient hinter sich bringen zu müssen.

Übrigens werden Mädchen bei falschen, nicht Erfolg verspre-chenden Vorgehensweisen schneller gestoppt als Jungen. Wen wundert es dann, dass sie später weniger gerne an Maschinen rumtüfteln und nur verhalten in das Geheimnis der Computer einsteigen, wenn am Anfang auf einen richtigen Mausklick min-destens fünf falsche kommen.

Jungen wie Mädchen werden gebremst, wenn sie ihre Erfahrun-gen durch weitere Experimente überprüfen und verfestigen wollen.

> „Jetzt hast du doch schon so oft gesehen, wie es geht, dann kannst du dir doch vorstellen, wie es funktioniert, wenn Wasser dazu kommt. Deswegen brauchst du doch jetzt die Ferkelei nicht auch noch zu machen!"

Die größten Probleme entstehen aber dadurch, dass viele Er-wachsene, vor allem Eltern, feste Vorstellungen haben, wie ein Spielerfolg auszusehen hat. Ein auf das Ziel Schule ausgerichtetes Lern- und Denkübungsprogramm soll es sein, das Kinder häufig und gerne absolvieren. Die elterliche Argumentation ist leis-tungsbezogen, von der Sorge um die Zukunft ihrer Kinder getra-gen. In diese Vorstellung passt das Freispiel beim besten Willen nicht hinein, denn da wird ja wirklich nur gespielt, ohne gezielte Anregung, konkrete Aufgabenstellung und Endkontrolle.

Es stimmt: Das Freispiel schließt die unterschiedlichsten Betä-tigungen von Kindern ein, die alle nicht durch ein bestimmtes Programm oder durch Aufforderungen von Erwachsenen in Gang gesetzt, ebenso wenig von ihnen längerfristig regulierend begleitet werden. Die Kinder nehmen Anregungen und Impulse, die sie aus der Umgebung erhalten, selbständig oder durch das Beispiel anderer Kinder auf. Hierbei entdecken und variieren sie Spielmöglichkeiten und -materialien. Handlungsrahmen, Spielverlauf und vor allem das Ende der Spielsequenz sind völlig offen.

Gerade deshalb ist Spiel eine kindgemäße Form des Lernens und Übens vieler Tätigkeiten, es fördert das abstrakte und logische Denken und verbessert die soziale Handlungsfähigkeit.

Was passiert z. B. in einer Freispielsequenz?

■ Grenzt ein Kind die Wasserfläche eines fiktiven Sees auf dem Erdboden durch einen Wollfaden ein und lässt nun Holzstücke als Schiffe darauf schwimmen, so steht ein Holzstück dank einer gedanklichen Leistung im Spiel als Symbol für etwas anderes.

■ Damit andere mitspielen können, müssen die bislang nur in der eigenen Vorstellung existierenden Schiffe als Symbol entschlüsselt und mit Hilfe der sprachlichen Verständigung den anderen Kindern gedanklich zugänglich gemacht werden.

■ Doch damit nicht genug, schnelle Perspektivenwechsel werden nötig, denn jetzt muss der eigene Spielwunsch mit den Ideen und Wünschen der Mitspieler abgeglichen werden. Es geht darum, Motive, Gefühle, Absichten, Ziele, Erwartungen und Standpunkte in die Spielüberlegungen miteinzubeziehen.

 – Spielt Jonathan mit meiner Flotte mit oder will er eigene Schiffe haben?

 – Ich hol mir die Maria, die hat immer so lustige Ideen.
   Ihre Idee, mit Steinen einen Hafen zu bauen, ist gut, denn dann wissen die Schiffe, wo sie hinfahren müssen.

 – Der Olli macht natürlich wieder Schnellboote aus den Frachtschiffen. Wir müssen ihm sagen, dass wir das nicht wollen, sonst gibt es gleich wieder Krach.

■ Oskars Idee, Wasser aus seinem Eimer in den „See" zu gießen, war doch nicht gut. Es fließt an einigen Stellen einfach unter dem Wollfaden durch oder schwemmt ihn zur Seite.

■ Janina rettet die Situation: „Wir müssen ein Loch machen, eine große Plastiktüte hineinlegen und dann ein bisschen Wasser reingießen, nur so viel, dass es nicht über den Rand schwappt."

- Sogar Charlotte, der es heute gar nicht so gut geht, spielt begeistert mit. Sie hat die Idee mit dem Sturmwarnungsturm, einem im Spitzer steckenden Bleistift, der immer tutet, wenn die Schiffe bei Sturm schnell in den Hafen müssen.
- Tuten darf der zweijährige Timo, der erst wenige Tage in der Gruppe ist.
- „Marianne, liest du uns bitte, bitte mal wieder eine Piratengeschichte vor? Dann können wir uns ein bisschen ausruhen und ‚schnuckeln'." Was ist denn das für ein Sprung im Spielgeschehen? Ein gelungenes Beispiel dafür, dass Kinder ihren Aktivierungsgrad selbständig regulieren, damit der Stress nicht entnervend, die Entspannung nicht zur Langeweile wird.

Eine runde Sache ist daraus geworden, ganz ohne aktives Zutun der Erwachsenen, aber nur dadurch möglich, dass sie Spielräume geschaffen und garantiert haben.

4.4.2 Spielräume schaffen – so viel Freiheit wie möglich gewähren

Fantasievolle, kreative Kinder finden alle interessant, bedenken aber oft nicht, dass die kindliche Fantasie ganz schnell über erwachsene Vorstellungen des Erlaubten und Möglichen hinausgehen kann. Oft scheint es sich zu lohnen, darüber nachzudenken, ob denn immer die Fantasien eingeschränkt werden müssen oder ob es nicht ab und zu ein Gewinn wäre, die erwachsenen Realitätsansprüche der kindlichen Fantasie anzupassen.

Außerdem: Kinder akzeptieren wenig. „Warum denn nicht?", ist eine ihrer häufigsten Fragen. Sie zweifeln oft, untersuchen erneut, stellen „dumme" Fragen, haben kein Schubladendenken, ignorieren beschlossene Denkverbote und stellen in Unkenntnis zementierter Vereinbarungen Tabus in Frage. Dieses

Selberdenken, diese naive Respektlosigkeit beim Hinterfragen, diese ungebändigte Kreativität bereiten den Erwachsenen im Alltag oft Schwierigkeiten, da diese sich alles Ungebändigte abgewöhnt haben. „Ich hab' da eine Idee!", dieser Satz aus einem Kindermund lässt viele Erwachsene erzittern. Meistens sind die Ideen übrigens gut, ein neu entwickeltes Spiel entsteht, ein Ausweg, an den niemand gedacht hat. Und oft sind sie viel weniger aufwändig, als befürchtet. Was spricht dagegen, die Körpermalfarben gleich im Duschbereich auszuprobieren, wo man falsch Gemaltes sofort wieder wegmachen kann?

Wir wollen Sie motivieren, jede für sich und das ganze Team zusammen, Ihre irgendwann erarbeiteten Leitlinien und festgelegten Grundsätze auf Wichtigkeit und Richtigkeit zu überprüfen! Sie brauchen Vorgaben und allgemein gültige Grenzen, aber haben Sie die richtigen? Zum Beispiel solche, die es dem Kind erlauben, beim Spielen und Explorieren selbständig zu werden. Hier ein paar Vorschläge:

- Lassen die Vorgaben vielfältige Erfahrungen mit Materialien, Situationen und anderen Menschen zu?
- Lassen Sie genügend Raum, damit das Kind merkt, dass seine immer größer werdende Selbständigkeit auch begrüßt wird?
- Sehen Sie vor, dass Erwachsene sich zurücknehmen, wenn das Kind von sich aus Aktivitäten in Angriff nimmt, selbst wenn alles dann bedeutend länger dauert, vielleicht sogar etwas mühsamer wird und womöglich nicht ganz perfekt endet oder zu einem anderen, als dem von Ihnen erwarteten Ziel führt?
- Ist genauso vorgesehen, dass Erwachsene jederzeit ihre Bereitschaft zur Unterstützung signalisieren, wenn ein Kind um Hilfe bittet oder die Aufgabe mit Kinderhänden nicht allein zu bewältigen ist? Oder wenn das Kind sich das Mitspiel Erwachsener wünscht, wohlgemerkt nicht deren sofortige Übernahme der Spielregie?

- Falls ein in kindlicher Eigenregie durchgeführtes Unternehmen scheitern sollte, ist Mitgefühl angebracht und – wenn noch Aussicht auf genussvollen Erfolg besteht – auch ermunternde Worte für erneute Versuche. Gerade diese sind wichtig für zukünftiges Verhalten.

Spielräume schaffen kann man nur, wenn man Regeln aufstellt und auch Grenzen zeigt, auf deren Einhaltung von allen bestanden wird.

- Die Einflussgrenze eines jeden Kindes endet dort, wo ein anderes Kind eingeengt, bedrängt, ausgeschlossen, geängstigt oder angegriffen wird.
- Wirklich spielen zu dürfen, setzt auch Regeln voraus. Man darf in bestimmten Räumen auch mal zusammen eine „Sauerei" machen, aber man muss diese dann auch zusammen beseitigen: Nicht damit allein gelassen und als Strafmaßnahme eingesetzt, sondern als ganz selbstverständlich zum Spielpaket dazugehöriger Abschnitt, angenehm gestaltet und liebevoll unterstützt durch Erwachsene. Hier brauchen Kinder Hilfe, die Natur hat kein eigeninitiatives Aufräumprogramm vorgesehen, deshalb sollen die Kinder im Kindergarten ohnehin bei Aufräumarbeiten einbezogen werden. Erwachsene können ja schon frühzeitig entstehendes Durcheinander bemerken, wenn nicht sogar voraussehen, und entsprechende Beseitigungshilfen wie Putzlappen, Eimer, Besen usw. bereitstellen, die dann unzweideutig signalisieren, dass zum Spielprogramm automatisch auch das Aufräumen dazugehört.
- Über die Auswirkungen echter Spielräume müssen die Eltern informiert und ins Konzept miteinbezogen werden. Das fängt bei den zu erwartenden großen Lernfortschritten an, geht mit der Auswahl der richtigen Kleidung, um auch im Regen draußen sein zu können, mit Farben und Materialien agieren zu dürfen, weiter und endet beim Verständ-

nis dafür, dass ein Kind sich auch ab und zu verletzt (siehe Kap. 3.1).

- Spielräume sind vom Kind gestaltbare Lebensräume,
  - in denen es sich zwischen all den anderen Kindern finden und akzeptieren lernen kann;
  - in denen es Abenteuer, die seinen Sinneshunger stillen, erlebt;
  - in denen es agieren und reagieren kann, da die So-tun-als-ob-Möglichkeiten nahezu unbegrenzt Erfahrungen sammeln lassen;
  - in denen Probleme auftauchen und – da aus eigener Kraft oder mit Hilfe von Freunden gelöst – wieder verschwinden, als bewältigbar erlebt werden, was die Kinder neuen Problemen motiviert gegenübertreten lässt;
  - in denen ein Kind sich dank Eigeninitiative und Kreativität selbstwirksam und durchaus einflussreich erleben kann.

Bei Kindern, die diese Erfahrungen sammeln konnten, hat die Suchtprävention im Kinderarten bereits erste Früchte getragen, denn wem es gelingt, seinen „Lebensraum" aktiv zu gestalten, der verfügt über Widerstandskräfte gegen lähmende Abhängigkeiten und einengende Süchte.

Praxisbuch Kita

Sozial-emotionale Erziehung

Margarete Blank-Mathieu
**Kleiner Unterschied –
große Folgen?**
Zur geschlechtsbezogenen
Sozialisation im Kindergarten
ISBN 3-451-26201-0

Monika Bröder
Das erste Jahr im Kindergarten
Anregungen und Hilfen für einen
gelungenen Start
ISBN 3-451-27088-9

Monika Bröder / Ulrike Hilbich
Das letzte Jahr im Kindergarten
Entwicklungsgerecht begleiten
ISBN 3-451-27025-0

Gertrud Ennulat
Kinder in ihrer Trauer begleiten
Ein Leitfaden für ErzieherInnen
ISBN 3-451-26613-X

Volker Friebel
Wie Stille zum Erlebnis wird
Sinnes- und Entspannungs-
übungen im Kindergarten
ISBN 3-451-26775-6

Gabriele Haug-Schnabel
Aggressionen im Kindergarten
ISBN 3-451-26911-2

Irmi Hochheimer
**Sexueller Mißbrauch -
Prävention im Kindergarten**
ISBN 3-451-26614-8

Renate Klöppel / Sabine Vliex
Helfen durch Rhythmik
Verhaltensauffällige Kinder erken-
nen, verstehen, richtig behandeln
ISBN 3-451-26731-4

Armin Krenz
Wie Kinder Werte erfahren
Wertevermittlung und Umgangs-
kultur in der Elementarpädagogik
ISBN 3-451-26504-4

Sylvia Näger
**Kreative Medienerziehung
im Kindergarten**
Ideen - Vorschläge - Beispiele
ISBN 3-451-26763-2

Gerda Lorentz
Freispiel im Kindergarten
Chancen seines bewußten
Einsatzes
ISBN 3-451-26729-2

Alexander Sagi
**Verhaltensauffällige Kinder im
Kindergarten**
Ursachen und Wege zur Heilung
ISBN 3-451-27087-0

Adelheid von Schwerin
**Sprache haben - sprechen
können**
Hilfen für sprach- und sprech-
auffällige Kinder im Kindergarten
ISBN 3-451-26773-X

Wolf-Wedigo Wolfram
**Hyperaktive und unruhige
Kinder im Kindergarten**
Hilfen für Erzieherinnen
ISBN 3-451-26965-1

HERDER   *Im Buchhandel erhältlich!*